MY SENIOR HIGH IN AMERICA

我在美国上高中

一位留美高中生
与教育心理专家的心灵对话

郑一玮／著

天津出版传媒集团
天津教育出版社
TIANJIN EDUCATION PRESS

图书在版编目（C I P）数据

我在美国上高中：一位留美高中生与教育心理专家的心灵对话 / 郑一玮著. —天津：天津教育出版社，2013.11
ISBN 978-7-5309-7396-7
Ⅰ.①我…　Ⅱ.①郑…　Ⅲ.①高中—学生生活—美国
Ⅳ.①G635.5
中国版本图书馆CIP数据核字（2013）第247705号

我在美国上高中——一位留美高中生与教育心理专家的心灵对话

出版人	胡振泰
作　者	郑一玮
选题策划	孙丽业
责任编辑	田　昕
装帧设计	郭亚非
出版发行	天津出版传媒集团 天津教育出版社 天津市和平区西康路35号　邮政编码:300051 http://www.tjeph.com.cn
经　销	新华书店
印　刷	山东德州新华印务有限责任公司
版　次	2013年11月第1版
印　次	2013年11月第1次印刷
规　格	16开（787×1092毫米）
字　数	100千字
印　张	16.5
定　价	36.00元

推荐序

有着救世主情结的一玮

认识一玮始于她在天津耀华中学上初中二年级时，她跑到我的心理咨询室告诉我，她不知道如何帮助陷入负面情绪的同学，尽管她已经做了大量的疏导工作，但还是难以奏效。“丽珊老师，请您在百忙之中抽出点时间来和她谈一谈吧，看着她沮丧的样子，我特别着急……”就这样我和一玮成了朋友，她也为朋友们开辟了预约我的心理咨询的“绿色通道”。看着自己的朋友们与我交流后都逐渐快乐起来，一玮特别开心，并将心理咨询师作为她的职业目标！

一玮去美国上高中之后，每到假期回国都会来看望我，我们是无话不说的“闺蜜”，她和我分享着自己的各种见闻，也向我倾诉着到了美国之后自己和周围同学们遭遇的各种各样的困难，并由此产生的痛苦、纠结。她静下心来思考，发现造成这些困难的原因很大程度上都是在国内时，听信了朋友圈中对美国教育的误读和某些中介的误导。我和一玮同时产生了责任感和使命感，“要告诉打算送孩子到美国上高中的家长们真实的留学生活”。我们的想法得到了具有高度社会责任感的《今晚经济周报》领导们的高度认可，“留学生专栏”自2012年顺利开栏，每周一期，一玮向读者们讲述着最方便实用的留学秘籍，而我则从心理学专业和人生规划的角度对她的文章进行点评。专栏收到了很好的社会反响，读者纷纷写来邮件，讲出自己或孩子在留学路上的纠结和迷茫……救世主情结让一玮登上了人生新高度。

今年暑假一玮回来与我分享时说，她在美国已经待了三年，她发现周围许多留学生学业不成功、生活不快乐，有的人因为一些错误的选择而造成不可逆的恶果。“我真的不知道如何帮助他们，每当看到他们颓废、痛苦的样子，用高消费来麻醉自己，我都不由自主地想到他们的父母，花巨资将孩子送到国外，期待着孩子学业有成……”那么我们写本书吧，让家长和同学们在出国之前就知道到了美国会遇到什么样的困难，如何求助，如何让学生始终不忘自己留学的初衷。两个热心肠又一次达成共识，我俩放下所有的事情，闭关了半个月，写成了您现在看到的这本书。救世主情结让一玮调整了自己的职业目标，她要做一名记者，将自己的声音传播得更远，让听到的人更多。

在我俩头脑风暴时，我总有一种穿越的感觉，这个坐在我对面的女孩难道真的只有十八九岁吗？她记录着周围人对她所有的好，哪怕仅仅是人家的举手之劳；却忘记了所有的不愉快。她的思维那么缜密，每个问题都从多维度进行思考；她的语言那么丰富、俏皮，让阅读成为一种享受。一玮一再提议，我们两个人都要把联系方式写在书上，方便读者提问。

怀揣着一颗善良的心，让一玮的路越走越宽，让她的舞台越来越大，让她的境界越来越高……我们有理由相信，这是一位不凡的女孩。

张丽珊

2013 年 8 月 19 日于观水轩

丽珊联系方式：
官方网站：心航路中国大教育网 www.xinhanglu.com
电子邮箱：lishanrexian@163.com
心理热线：022-23396165 13662045051

前言

因为你快乐，所以我快乐

我是一个普普通通的女孩，是庞大的留学生队伍中的一员。我在洛杉矶读书，已经三个年头了。今年我 18 岁，和别的孩子一样我在生日的时候也对自己许了个愿望：希望今年可以写一本书。这本书就记录我在美国读书过程中看见的、听见的、悟到的。这本书可能不能代表整个留学生群体在国外的生活，但是在书里面我会真实地记录下自己身边发生的点滴小事。

我是个爱好很广的女孩，爱弹钢琴也爱唱歌，虽然不擅长跳舞但是也总想在朋友们面前“表现”一把。我爱打高尔夫也爱游泳，经常被水呛也要游。我爱做饭，但是在和朋友们的“做饭 party”中，她们只让我炒油麦菜。在生活中我是个搞怪快乐的女孩，在学校里面我是一个“小小活跃分子”，在家里我是“古灵精怪小大人”。我最大的毛病也是最大的优点就是健忘，发生过的任何不愉快的事情，睡一觉都会烟消云散。我最大的心愿就是身边的人能够开心快乐，和朋友一起出去玩我一定会问到的问题就是：“怎么样！今天高兴吗？打个分儿吧！”我喜欢在一个和谐的环境中与人相处。

留学美国后，我变了不少，脾气小了很多，做事认真了不少，也会做饭洗衣了。我相信这也是父母“狠心”把我送到美国后，愿意看到的变化。刚开始我也总会有埋怨，生病时候也会想家，遇到困难自己在被窝里偷偷抹眼泪的时候还真不少。但是妈妈和我说，“有一种爱叫作放手”。我在经历很多困难和问题后慢慢地明白了这句话背后的心酸。

在这不长不短的三年里面，我学到了什么？写到这里的时候，我停下了敲打键盘的手指，看了看窗外。八月份的天津还是炎热的，安静的高楼屹立在那里，多少年了吧。楼下车来车往，大家都在忙着自己的事情，日复一日。对面楼顶上有几只鸽子，记得小时候爷爷就和我说鸽子有讲不完的“故事”。我想我知道答案了，我学会了感恩。在这个炎热的夏天里，还有一些人需要在工地上面建造房子，而我在空调房里面打字。在这个毕业季的月份，还有很多家庭在为孩子凑上学的费用，而我已经可以开始准备新学期回美国的行李了。我想，上帝给了我如此优厚的条件，我可以将之传播开来。在未来，我要做的还有很多。

“留学美国”是一个选择，选择了，就不畏缩；“留学美国”更是一个态度，我想我要面带微笑，哼着小曲继续走下去。

郑一玮

2013 年 8 月 17 日于观水轩

（全书人物皆为化名）

一玮联系方式：
微信：evaolala
邮箱：evasophy1114@sina.com

目录

CONTENTS

我的

成长足迹

【1999年 南非】

小时候，自从看过安东尼·德·圣－埃克苏佩的《小王子》后，我一直认为自己来自B-612星球，是有着和小王子一样好奇心的无畏少年。快看！我那“思考人生”的小眼神儿！

【1999年 南非】

在彩虹之国度过的童年，给我留下了深深的印象。那里给予生命无限的自由，让我可以无束缚地用感官去探索世界。也许求知欲本不是一种与生俱来的技能，这与自己所接触的视野范围息息相关，南非，love you！

【2005年 大连】

展翅高飞！对梦想的态度，不妨大胆一点，很多人都在风口浪尖上被击溃，但是失败的姿势有两种：一种是蜷缩着，一种是四肢展开。结果看来没有区别，但心灵的收获，自己知道就好！

【2006年天津 晓晓钢琴艺术学校】

自诩热爱文艺的青年，不是狂言！从小就有证据！你们看！好吧，我承认我也不知道那土豪金边的头饰到底是什么东东，但这永远阻挡不了我热爱文艺的炽热的心！

【2006年 云南】

幸运的是，在其他小伙伴奔跑于家与学校两点一线的时候，我已经开始身体力行地去感知这个世界，那些曾留下我足迹的地方，是启迪我思考人生的启蒙导师！感激之情无以言表，小玮子谢谢各位啦！

【2006年 四川】

对小动物的喜爱，大概与南非的成长经历有关，大概也是天性所然。人们常说："动物是具有灵性的，喜欢亲近美好的人！"看，我和那只小羊多么投缘！此处就省略100字吧！哈哈！

【2007 年 绍兴鹅池】

绍兴鹅池，相传是王羲之的养鹅处，自闻王大书法家，性爱鹅，会稽有孤居姥养一鹅，小女子我也算是追随大师的足迹走了一遭啦！

【2007 年 绍兴鲁迅故里】

坐在长妈妈的怀里，感受她如母亲般的慈爱与和蔼，那时的我与童年的鲁迅面面相对，虽然我们所处的年代不同，经历的人生不同，但是我想此时此刻，我们应该有着对世界同样的好奇！

【跟滕矢初老师学钢琴】

现任中国广播艺术团国家一级指挥、中国电影交响乐团、中国广播合唱团常任指挥、天津交响乐团首席客席指挥及艺术指导的滕矢初老师，是我钢琴之路的启蒙老师，他是一位非常严厉又慈爱的老师，对于他，我充满了无限的崇敬。看他那专注教学的眼神，很有魅力吧！

【澳大利亚】

澳大利亚有种不可言说的美，那些湛蓝的海是我记忆中挥之不去的美好，至今我都犹记第一次站在悉尼歌剧院面前时，那激动不已的心情。它就好像一艘正要起航的帆船，带着所有人的音乐梦想，驶向蔚蓝的海洋。

【英国】

英国人对古老文化有种天然的亲近感，他们对老旧物品的热情要远远胜过对新的东西的喜爱。记得冯唐说过“老的东西流传到今天，相对于时间，相对于想不朽的卑微的努力，才是对的东西！”此时想想，真理也！

【马尔代夫】

大自然里千般景致，我最喜欢的就是“海”，面对它会立刻明白河伯“望洋兴叹”之感概，一切恼人心思瞬间变得如此渺小。马尔代夫亦被誉为“上帝抛洒人间的项链”，“印度洋人间最后的乐园”的地方，那里有着最美的辽阔海洋，在这里，我如同一条小鱼，无拘束地挥洒快乐，无距离地徜徉。在海洋里游弋，会发现心也愈加开阔！

【西雅图寄宿家庭】

在美国求学的时光里，寄宿家庭给了我如家般的温暖。纯属巧合却又好似天意安排，寄宿家庭里的小女孩叫 Emma，我叫 Eva，我们有着比名字还要亲近的姐妹之情。爱你哦！我的黑发碧眼小美人。

【朝韩边界线】

一条 38 分界线，一个民族就此分裂，在朝韩边界线的时候，能明显感觉到朝韩之间的差别，涉世未深的我心里的念头就是："让这个世界多一些和平！"直到现在，我也没有找到比这句话更好的代替。

【韩国】

大长今风靡全亚洲的时候，我也是赶时髦的那一代韩流迷。这一身韩服穿在身，是不是颇有“思密达”的气质！

【旧金山】

旧金山，三面环水，环境优美，气候宜人，是最受美国人喜爱的城市之一，当然我也很爱它！暖暖的午后，阳光刚好洒在身上，你会在这极速奔跑的国度中，邂逅一种久违的惬意！

【洛杉矶瓷器店】

洛杉矶有一家中国景德镇瓷器店，在琳琅满目的瓷器中穿梭，总有一种“他乡遇故知”的感慨！在国外生活的人，都有很强烈的爱国情结，而我总认为“融合”比略带棱角的“防备”更重要，你说是吧！

【西雅图机场】

出发！去看望西雅图求学时的寄宿家庭！回国之后，我仍然与西雅图的寄宿家庭有着很好的联系，在他们眼里我已经是家庭中的一员，在我眼里，他们也犹如亲人般重要，对这种不是血亲胜似血亲的恩情，有时候除了“感恩”我们也许无以为报！

第一章

留学之前你一定要知道的事情

“我终于轻松啦！”

——出国留学仅仅为了回避中国教育吗?

相信每个留学的同学背后都有一段故事，不论你是因为欣赏西方文化，还是因为家长逼迫，又或者是成绩不理想只有选择出国。我们有着不同的背景，对留学生活也抱着不同的目标和希望。

记得我是在初一的时候有了出国读书的想法。当时和学校去了英国的夏令营，感受到了国外轻松学习的氛围，我立志一定要去英国读书，摆脱应试教育的巨大压力。在初二的夏天，我又随着团体去了澳大利亚，在看到澳大利亚明媚阳光和人们的慵懒姿态后，我告诉妈妈自己改变了心意，我决定去墨尔本读书。但是在初三的假期，我来到了美国，感受到了完全不一样的自由氛围，当还在美国的时候我就下定决心回国立马办手续，一定要来美国读书。

伴随着初三巨大的升学压力，同学们都忙碌于应付各类大考小考，我却在此时放松了意识。我在潜意识里告诉自己：没事，我不用学了，马上就出国了。于是在同学们熬夜读书的时候，我守着电脑在看美剧；在同学们认真听讲记笔记的时候，我的意识已经飞到了大洋彼岸的黄金沙滩，别墅、海鸥……“XXX，你起来回答一下这个问题，”“啊……应该是……x 不对，y？”在同学们的注视下，我低着头坐下了，但是羞愧之情立马被“要出国”的想法取代。我开始幻想在美国的生活，一定没有这么多作业，一定不用考这么多试！于是我又开始了“放肆”的学习生活，结果可想而知，我以不理想的成绩考上了一个普通高中，那时已经到了申请美国高中的阶段，我把精力分为了两部分：填写各类出国表格和享受生活。懈怠的生活状态终于把我推到了转折点。

现在的我，已经来美国三年多了，就读于一所排名比较靠前的美国高中，在读高二。总是能够在晚上复习还有频繁考试的时候想起以前的自己，看到一天一次小考一周一次大考的课程表，我后悔了。我多么希望重新回到初三的时候，我想我一定好好背化学元素周期表，我想我一定好好记历史课的笔记，避免美国老师上中国历史的时候，我都不知道中国有多少个朝代。我想我一定利用课余的时间学习托福，准备 SAT，做更多的社会义工服务……

现在当晚上在网上看到即将出国的同学挂手机聊 QQ 的时候，我就会善意地提醒一下：同学，在上课吧？并且附上一张我的日程表图片。看到同学灰掉的 QQ 头像，再望望我课桌上明天要考的科目表，我笑了笑，继续为了我的未来奋斗着……

丽珊老师说

父母在送孩子出国之前对国外的教育知之甚少，误认为国外的教育是轻松的，初中的数学仅仅相当于我们的小学水平；是惬意的，学校更在意学习以外的素质培养……但父母们忽略了，诺贝尔自然科学奖多是这些国家的科学家获得，如果他们学得如此简单，会有这么大的成就吗？美国没有我们的“人教社”，而是不同的出版公司，他们针对不同的学生设计不同难度的教材，有专供希望自己考入排名前三十名大学的教材，也有服务于那些以社区大学为人生追求的学生所需要的教材，难易程度肯定是不一样的。你享受了充分的“阳光、沙滩”，就要接受去社区大学的现实，而考入哈佛的绝对也是挑灯夜战的学子。

多年来，我接触了大量的“不得不”出国的留学生。父母一旦流露出送孩子出国上学的愿望，孩子就会立马“调整状态”，他们对“枯燥的”应试教育零容忍，他们身未动，心却已经飞往“阳光、沙滩、海鸥”的那个梦想天堂了。学习就是攻坚克难，遵循着“一鼓作气、再而衰、三而竭”的规律。一旦孩子有了退路，就再也无法鼓足干劲了。父母本来希望给孩子创造一个新的机会，结果却依然是唯一。

出国是关乎到孩子一生的大事，父母一定要做好充分的调研，千万不要人云亦云，更不要仅仅为了“别人家的孩子都出国了”而让孩子出国。

与西雅图寄宿家庭的爸爸妈妈还有小 Emma 及室友，外出游玩，看我们多么其乐融融！

中介的话靠谱吗？

——不要被中介牵着走

“哎呀！你都不知道我的中介有多坑！告诉我说这个学校只有 5% 的国际学生，但是来了一看 50% 不止呢。”

“哈哈，我的中介比你还坑！看见前面那个公立学校的草坪了没？他们愣和我们学校的操场拍在了一起，说都是学校的。”

“中介说申请美国社区大学是门坎低，花钱少的最佳选择，到了美国再转到好大学，太容易了。”

出国留学，大多数留学生都会选择中介来办理很多手续。但是中介是打乱了计划，还是有益地帮助了你？如果在“被坑”以后才得知结果，那么一切就好像晚了点。

现在国内许多大大小小的中介都打着“轻松出国留学”的旗号，来大包大揽地吸引想出国的同学们。而更多的同学和家长就像一只只迷途的小羊一样，分不清楚方向。同学们出国的动机有各种各样，有的是因为想寻求更适合自己的教育方式，也有的同学是因为在国内无法顺利完成学业选择了出国留学。

在经历了国外读书的几年生活后，我发现更多的家长和同学比较认同的出国时间是在高中阶段。因为国内的初中可以更好地为学科的基础知识做准备，还可以认识更多同学，不至于在以后回国的时候没有朋友。而相对于直接选择出国读大学呢，念高中好像又可以让你提早适应美国的教育方式，可以得心应手地应付大学课程和生活。当时我选择中介的时候，就忽略了许多问题，例如：学校课程的选择，可以申请多少 AP 课程，学校的俱乐部文化等等。我发现如果可以提前了解这些问题的话，会让我在之后留学路上少走许多弯路。想到这里，我建议同学在选择学校之前来一次“探秘旅行”，在这次旅行中，带着问题去到自己心仪的学校，直接找校方进行了解。如果有语言的困难，甚至可以请一位翻译。美国的学校大部分是非常严谨和负责的，他们一定会对你提出的问题进行详尽耐心的回答。掌握了基本信息之后，我们再结合自身的条件选择学校，这样进入学校之后就会更加得心应手。

中介可以起到好的帮助，也可以带来很多麻烦。如果把中介当成一个辅助的工具，自己愿意启动一次“探秘之旅”，那么我相信这些从“官方渠道”了解来的信息再加上中介对我们的帮助，一定会申请到一所理想的、适合自己的学校！不然，中介则会根据他需要付出劳动的难易给你指导，甚至误导也说不定了。

丽珊老师说

我每周在天津人民广播电台生活广播有一档脱口秀节目“丽珊热线”。我定期会在节目中讨论关于留学生话题。我建议父母一定事先陪同孩子到学校周边看一看，拜访一下那里的老师，与在校的学生攀谈一下，就算没有这样的机会，站在校门口，看着从里面走出来的学生衣着、行为举止、精神风貌，你对这个学校的校风就会有个初步的把握。由此判断是否送孩子到这个学校，成为这些学生中的一员。

有的父母打进热线说，送孩子出国已经使家庭承担了很大的经济压力了，父母还都上班，哪里有时间去国外转一转，况且，到了国外，人生地不熟的，到哪里找学校？还是听听中介怎么说吧。已经将孩子送到国外的父母打进热线，表示强烈地支持我的观点，因为他们轻信中介而使孩子的求学之路充满了坎坷，后来父母不得不动用各种手段，去美国陪读，加大了留学成本，他们告诉有计划送孩子出国的父母一定要事先到现场充分考察。我非常感谢能够将自己送孩子出国留学中的真正经历通过电波分享给大众的听众朋友。

孩子的成长是一次性的，注定了我们冒不起风险，在为孩子选择人生道路时一定要将主动权、选择权掌握在自己的手上，万不可全权交托给外人。在你对国外有了充分认识和了解的基础上，可以请中介帮助你做些烦琐的事务性工作，而不能将选择权交给中介，那就本末倒置了。

住在寄宿家庭是我一直认为很明智的选择，它让我更直观地了解美国文化，也更加锻炼我与他人相处的能力，我想这应该是寄宿学校生活所不能体会的。

是选择
寄宿家庭还是选择住校
——适合的就是好的

因为学校里面很多同学和寄宿家庭的关系比较紧张，所以学校决定临时开一个针对这个问题的会议。我荣幸地受到邀请，和我一起的还有其他五个中国同学。在会议上，校长首先向我们说明了开会的目的和学校考虑的方案，学校有意愿明年为留学生提供学生宿舍，但是是否保留寄宿家庭就成了一个问题。“希望继续留在寄宿家庭的举手。”话音一落我便高高地举起了手，脑海里面闪现过的是和“家人”相处的快乐场面。但是环视四周后发现，只有我一个人举手了。校长对我笑了笑，“看来修个学生宿舍还是很有必要的。”他半开玩笑地说道。

到底是住寄宿家庭好还是住校好？这个问题确实也需要根据自身的情况来选择。如果国际学生比较多的学校，学校一般会有类似于“寄宿家庭”机构，当然所提供的家庭也大多数会相对靠谱一些。但是有些学校的国际学生比较少，需要学生自己来找寄宿家庭的时候，就难免会碰到一些“怪叔叔”“怪阿姨”。选择寄宿家庭，对我来说是一个不错的决定，因为这就意味着我在美国有了一个“家”,而“家人”因在不同的年龄段，可以给我带来不一样的帮助。由于他们十分认真负责，所以我在这个“家”里面生活得很愉快。但是也有些同学由于在国内比较受娇宠，所以在国外难以和寄宿家庭相处，从而为学生的留学生活带来困扰。

我有位朋友是从女子学校转到我们学校的，她给我讲过她在女生宿舍里面的一些悲惨遭遇。她说一般外国女生发育得比较早，身材相对于亚洲女生也会丰满一些。在宿舍里面有一阵子流行“吊带背心风”，那些美国女生就非常敢穿这种比较性感的衣服，穿得也很好看。但是当她穿上了“吊带背心”，就有美国女生开始嘲笑她的“平板身材”，她的自尊心受到了严重打击。还有在女生来月经的问题上面，也存在很大的差异。在美国，女生一般喜欢用 OB 棉，而且遇到痛经的时候就吃药，然后照常上体育课进行活动。也就是说，对美国女生来说，来月经好像就是一件小事，所以她们亲切地称呼月经为“strawberry”（草莓）。但是来月经对于中国女生来说就是一件相当麻烦的事情，不仅会出现身体上的反应，大夏天带着卫生巾好像也是一个累赘，所以美国女生的“草莓”就变成了我们的“大姨妈”，啰啰嗦嗦，每个月都会来串门的烦人的远房亲戚。是“草莓”还是“倒霉”？这是美国女生和中国女生对于月经不同的看法。再比如说对待化妆打扮这个问题，美国女生喜欢用卷发棒把头发卷成大波浪，但大波浪往往并不适合亚洲女生，可住在一个房间，就好像需要有着同样的“行头”才能愉快相处。化妆也是同样的，美国女生喜欢涂一些厚重的眼影，因为她们的眼眶比较凹陷，但是这样的妆容画在亚洲女生脸上就不那么好看。这时，因为想成为“同类”而打扮出来的造型就显得有些不伦不类。

所以选择寄宿家庭还是学生宿舍，选择和一个家庭一起生活还是和同龄人在一起，这些都是需要思考的问题。结合自己的性格和生活习惯做出正确的决定，才能对我们的学习生活起到良性的帮助。不然每天在一个不快乐不适应的环境下生活，可能性格多少也会受到影响吧。

丽珊老师说

小留学生到国外到底选择寄宿家庭还是住学校的宿舍可是一个很大很大的问题。在一定程度上决定了人的心理环境。住宿舍都是同龄人，容易沟通，但也容易形成各种比较或者攀比；住寄宿家庭与不同年龄段的人相处，沟通上有难度，但因为没有比较所以内心不会太纠结。这个问题一定在出国前认真思考哟。

我想，快乐地在和谐家庭中生活，比痛苦地在游泳池里蛙泳要幸福得多。

“我要有游泳池的家庭”

——你知道如何选择寄宿家庭吗？

对于新留学生来说，最纠结的时间段应该就是临行前。这时候的我们，面对着迷茫的新生活，充满了期待、好奇和恐惧。我们会着手准备行李，根据天气的情况带适量的衣服；我们会与家人聚餐告别，留下不舍的眼泪；我们会查看新学校的信息，看看有多少国际学生，有多少课程……我们匆忙地准备着，填写各种表格信息，收集新国家的一切资讯。

但是在这表格纸张满天飞的时候，我们不能疏漏一份特殊的表格——寄宿家庭的选取和要求。我觉得在所有出国准备中，这是最为重要但也是最容易被忽视的一项。在离出国还有一个月左右的时候，我的中介给了我一份表格让我拿回家填写，这是一份叫做“寄宿家庭”的表格，被夹在诸多文件信息中间。中介并没有给我介绍填写这个表格的原因和重要性，只是说让我填好交回来。

起初我没有意识到这样一份表格和我以后生活的紧密关系，我只是把它带回家和妈妈一起填写。上面有很多的选项，例如：是否介意有宠物，一人间或者两人间等。并且还有备注，是根据自己的特殊要求添加。妈妈非常慎重地和我讨论每个问题，于是我们最后的选择是：没有任何特殊要求，希望住家离学校路程短，并且寄宿家庭有信仰。之后中介根据我的选择和美国寄宿家庭机构共同为我筛选了一个家庭。这个家庭有七个成员：祖父祖母、爸爸妈妈，三个孩子分别为 3 岁、5 岁、7 岁。祖父和爸爸的职业是牧师，而妈妈就是我所就读的高中的课程顾问，全家信奉基督教，从住家开车去学校五分钟左右。

在后来的生活中，我体会到了我的选择给我带来的好处，比起我的同学在巴士上睡一个小时才能到家，我可以提前回家完成作业，然后留出更多的自由时间；寄宿家庭信奉基督教，

初来乍到美国时候的我，正值花季，满脸一副稚气未脱的样子。面对未来的留学生活，没有不安与焦灼，那肯定是在说谎，但我选择用饱含的热情去迎接。我想，这世间的“热情”大抵源于“珍稀”，所以珍稀你拥有的一切，奋斗吧，少年！

每天怀着一颗平静的心，很耐心地和我相处。而现在生活在一片愉悦环境中的我，看到很多与寄宿家庭发生问题的同学，会问他们一个相同的问题，“你在寄宿家庭填写表格上怎么填写的？”我得到多数的答案是：要有游泳池。

对于留学的我们来说，寄宿家庭就像是第二个家。而我们在选择“家”的时候，一定要全方面考虑。我想，快乐地在和谐家庭中生活，比痛苦地在游泳池里蛙泳要幸福得多。伴随着我寄宿家庭里三个孩子的成长，我，一个只为自己考虑的独生女，也逐渐成为了一个像模像样的大姐姐了。

丽珊老师说

到国外留学，选择寄宿家庭要比选择学校宿舍风险大很多。学校舍友都是同龄的学生，尽管相互也会影响，但因为年龄决定了阅历，所以相对于与成年人相处来讲还是单纯许多。求学阶段是一个人人生观、世界观和价值观形成的关键期，如果被误导则会对孩子的一生构成影响。而恰恰这种误导并不是对方有意所为，只是在日常生活中的无意表现。将自己的孩子托付给陌生人是一件很有风险的事情。一玮在选择寄宿家庭时明确提出：寄宿家庭要有信仰，在一定程度上是十分明智的，毕竟有信仰的人内心会有敬畏，不会恣意妄为。

选择寄宿家庭需要考虑的因素包括并不仅仅包括：家庭成员组成、年龄、身心健康水平、学历水平、职业、经济收入、宗教信仰、性格特点、人与人之间的关系和谐度……这些因素与孩子在国内的家庭是否匹配。

【旧金山渔人码头】

我想，一个人最好的样子就是平静一点，哪怕一个人生活，穿越一个又一个城市，走过一个又一条街道，仰望一片又一片天空，见证一次又一次别离。然后在别人质疑你的时候，你可以问心无愧地对自己说，虽然每一步都走得很慢，但是我不曾退缩过。

选课有讲究，顾问能帮忙

——如果你不够主动，没有人催你

在美国高中上了差不多三年的学了，在一节英语课上我的脑海中突然冒出来这么一句话，我便把它记在笔记本的后面：上学如上班。这句话突然出现不是没有理由的，初到美国时失败的选课经历和很多因为不了解而做出的错误选择，让我逐渐了解了在美国上高中是讲究技巧的。

在我的印象里面，在国内上学是随波逐流的。一年一年跟随着老师和同学们的脚步走，就像一部电影的名字一样——“一个也不能少”。班主任会及时关注着同学们的动态，好学生往上提，学习差的同学要保底。更不用提课程表了，日复一日在黑板的右下角都由值日生写着不同的课表，偶尔美术课会被数学老师霸占，但是整体来说每位同学每天都在上和大家一样的课程。在美国却不一样，几乎每个人的课表都是不一样的，“选课”就成为一件非常重要的事情。说到选课，刚来美国的同学可能会非常迷茫。其实我们的选课是需要和自己想申请的大学紧密联系在一起的。

比方说你可以大致明确一下自己的目标，高中毕业就好？

申请 50 名以内的大学？申请 50 名以外的大学？这些问题看似和选课没什么关系，但是其实是紧密相连的。紧接着同学们就要根据自身的情况来做出选择，比方说有的同学底子不是特别好，那这个时候就不要一心想着去申请荣誉课程。而本身在中国就成绩优良的同学，可以和学校的顾问联系，拿难度更大的课程。但是提到选课就不得不说“提前选课”总是“占便宜的”。就像很多高中实际上在四五月底就可以选课，这个时候在校同学就已经根据自己的成绩和目标拿到一些荣誉课。但是相对于 10 年级、11 年级才转入新学校的同学们来说就会比较吃亏。因为不仅有的课程学生招收数量有限，并且对于从中国刚申请到美国读书的同学来说，都是会选择在临近开学的时间内到达美国，这也就错失了最佳选课时间，只能是剩下什么课还有名额就上什么课了。所以我建议申请出国的同学们不妨在拿到学校录取通知书的时候就和学校顾问联系选课。还有许多擅长文艺的同学，不妨询问一下所选学校有没有对口的 Program(机构)，多参加学校里面的对口活动对于之后申请大学会有很大帮助。

对于一些要求比较高的高中，学校会开设很多 AP 和 IB 课程，但是如果想选修这些荣誉课程，上一年的 GPA 需要比较高，对于 IB 课程也是同样，甚至对于一些基础不错的同学可以在一进学校的时候，就和顾问老师商讨进入 IB Program，这个机构所颁发的 diploma 是全球认证的。在美国上学并没有想象中那么简单。一般来说同学们需要修四年的英语，三年数学和二到三年的科学，还有三年的社会学。修满学分才可以毕业，在这一点上就和国内的高中有着非常大的区别。

既然选课和上课在美国是这么有讲究的，那么“顾问”就成了一个学生们需要经常打交道的“大人物”。一般普通的私立高中，一个顾问平均管理50名左右的同学，公立学校可能人数会多一些。顾问也是联结学生和学校之间的桥梁，顾问的重要性可想而知，但是在一位顾问需要面对50名同学的各种课业安排和成绩管理的时候，你如何能够利用更多的时间和顾问沟通讨论，成为一个会“主动受益”的同学呢？

丽珊老师说

到美国上学很轻松绝对是谣传（呵呵）！对于主动性不强，不善于与人沟通的学生来讲，还是在中国好些，大家沿着一条路径走，基本上不会跑偏。而在美国，一个顾问需要管理50多名学生，这不同于我们国内的班主任，无论这个孩子是否主动，他就坐在教室里，老师一眼便知他的状态如何。而美国如果学生不主动找顾问，顾问只有在最关键的时刻才会找学生，其他时间，学生就像没娘的孩儿，自生自灭了。

选课对于美国的高中生来讲太重要了，我接待的学生中有的在10、11年级时选得太简单，太轻松，就算GPA比较高，但在申请前50的大学是需要IB和AP课程的，这就造成无法获得好大学的Offer；有的学生选得太难，成绩惨不忍睹，影响GPA……选课需要循序渐进，这个循序渐进不能简单地说知识的难易，还要考虑开始时在语言上不适应等因素。由此不难看出顾问对于学生的重要性了。

永远不把自己的事情寄希望于他人身上，你就会发现自己越来越强大！

这是你自己的事情

——美国老师很有界线感

我们学校有个沉默的中国女生，叫作Dinna。她很少与人沟通交流，因为她的个性比较怪异，即使有时她主动和别人说话，也得不到回应。上课的时候老师叫她回答问题，她往往只是抬头看老师一眼，然后继续忙活自己的事情。老师自然对此感到不解，但是也只是耸耸肩摇摇头。我一直觉得她就像个谜一样生活在我们中间。后来我对她有了一些了解，是源于我们的“作文交换批改”课堂活动。我碰巧拿到了她的essay，在里面她写到了与室友的相处非常不愉快，她觉得自己在生活中就像是一片绿叶，永远用来衬托身边的红花们。她甚至还提到了希望这些长得像洋娃娃一般的女生们都真的变为洋娃娃该多好，永远闭上那讨厌的嘴巴。

我打那天起就觉得这个女生的身上一定发生过很多不为人知的故事。得知她转学是几个月后的事情了，我没有感到很吃惊，但是她转学的理由却让我哑口无言。原来是因为她彻夜失眠，所以吃了从中国带过去的安眠药，她的寄宿家庭看见了摆在床头柜的药瓶子以为她要自杀，便向学校上报了这个事情，于是这个女生从那以后就从我们学校消失了。

相信很多人都在心中起了一个疑问，“为什么老师看到这个同学的怪异行为没有关心问候呢？”是的，这也是为什么很多同学觉得美国学校“冷冰冰”的原因所在。

另一件事情相信很多中国留学生也有留意，很少有外国同学会在老师面前哭诉，因为这是没有必要也可以说是没有意义的一个行为。有些刚出国的同学在遇到麻烦的时候，会流着眼泪给老师解释原因，“我父母在国内和我吵架了”“我和某某同学发生不愉快才没有完成作业”，这些看似理由的理由在美国的校园里都是无用的。甚至可以说等待着你的将会是一句冷冰冰的“这是你自己的事情”。的确，美国校园里老师没有关心你私事的义务，你的宠物死去或者你和同学之间的矛盾，他们也多数时候会告诉你，“I’m sorry!”（我感到抱歉！）仅此。

就像是刚去美国由于语言关没过而考试成绩差的同学，去给老师解释原因可能会得到谅解，但是并不能改变什么。因为带翻译机器去上学，上课前预习就是你自己的事情，是应该做的事情，这一切都不在老师的管辖范围之内。

“这是你自己的事情！”这是一句非常现实并且看似无情的话语。但是现实情况也确实如此，如果我们自己无法独立解决生活中的一些困难，那么在今后浩瀚的大海中航行，我们又如何确保自己的船不被大浪冲散？

丽珊老师说

中国孩子到美国上学需要适应的事情还真的很多。中国的老师像妈妈，不仅管学生的成绩还要管学生的精神状态，如果Dinna在国内，老师肯定要把她叫到办公室，问她到底发生了什么事？为什么这样萎靡？有什么需要帮助的？如果是来自家庭原因还会将父母请到学校共同商量如何帮助孩子，但毕竟班主任不是心理辅导师，卷入过多并不一定就是好事，经常会遭到投诉，好心办了坏事情……我与全国很多省市的教委有培训教师队伍的合作，在培训中我经常提醒老师们不要过度卷入到学生的家庭中去，要有些界线，因为家事毕竟是人家的私事。但我真的没有想到在美国，老师却把界线划得如此泾渭分明，不相信解释、不相信眼泪，并且察觉学生的心理状态有问题时直接“请走”……内心强大是出国留学的第一条素质。

寄宿家庭的爸爸是个非常幽默温和的人，身为建筑设计师的他，有种让人瞬间平静的力量，我们如父女，又更像朋友。

补课中心 (Tutoring Center) 可能会帮到你

——有亚裔学生的地方就有家教

中国大街上能看到各种补习中心广告，“一对一”“小班教学”这些字眼对于作为学生的我们来说真的是再熟悉不过了。大多数在国内上学的同学们对于各类补习班的态度是头疼加纠结的。补习班就相当于牺牲了我们日常休闲的时间来补习和提高自己的课业，很多同学即使上了补习班也没多大的作用，补习班一下子就成为了一种负担和累赘，但是迫于“买个放心”“自我安慰”和“给家长一个交代”，我们还是会在周六的早上蹬上自行车去补习老师家“坐一坐”的。

但是在美国，“补习”却是一种主动行为。很多同学看到自己有的学科需要补习，便会通过各种渠道找老师补课。因为在美国的校园中，同学们深知一个道理，“成绩是自己的，人生也是自己的。”每一分成绩都是靠在平时积累的，想要走捷径在美国校园中是无法得逞的。在我们学校开设了一个“Tutoring Center”（补课中心），每天下午放学后从3：00到5：00

都有专门的老师在这里解答同学们的问题。在不同的教室开设不同的学科，时间的安排也不同。这一切都是免费的，聪明的同学们可以从中受益，当然也有些同学对此嗤之以鼻。我们经常可以听到这样的对话，“Hey，你放学去哪里？”“我的数学今天有几道题目没弄明白，我去找一下 math tutoring（数学辅导）。”这种补习中心是可以自由进出的，也就是说如果你只有两道题目没弄明白，也许只需要在那里花上 10 分钟的时间。但是也有的学科会以“奖励额外分数”的行为鼓励大家多参加这种辅导中心。在一天的课程中我们会遇到不懂的问题，如果能够尽快解决的话，考试的时候再次遇到它就不会那么费劲了。许多从美国回来的同学都说在美国上学非常容易，我对这种说法保持中立态度。因为美国的大小 quiz（测验），test（考试）都和课程内容紧紧相关，许多时候数学考试出的题目都是一样的，只是改变了几个数字，它需要同学们了解的是一种解题思路和方法。但是如果你碰巧在这个时候走了神，那么也许在考试中遇到这道题，你就慌了手脚。

在校外也有各种“补课老师”。因为在美国的校园中，每个同学的课程都不太一样，而且大家对于时间的概念也比较注重，很多同学抱着一种“不去麻烦”人的态度一学就是四年。这样你就会一年一年累积下来很多问题，在这种情况下，不妨通过“家教”的方式来解决这个问题。遇到问题，解决问题，才会让我们在美国校园中轻松获得成功。

丽珊老师说

一玮明确告诉我在我家教的队伍中只有亚裔，看来亚裔的确是很勤奋，对自己的学业更加负责任。学会观察、学会借力、学会求助也是一种很重要的能力。

获得绿卡对你申请大学有何影响？

——绿卡不是唯一的大学通行证

许多美国高中里面都有“高中顾问”和“大学顾问”之分。高中顾问主要负责学生的排课、成绩和活动。大学顾问负责给学生定位大学方向，介绍大学环境，根据学生的成绩和自身条件选择合适的大学等等。

大学顾问对于同学们申请大学是一个非常重要的角色。但是同学们也没有必要因此去百般讨好这位“大人物”，因为美国的校园讲究的是公平公正，合适的沟通交流才会起到良性的帮助。大学顾问可以说是在学校里面最了解你的老师了。在选择大学之前，他需要了解你的家庭、兴趣爱好、成绩等等个人信息。大学顾问在开始准备申请大学的时候，都会给你选择的方向。你喜欢天气怎么样的城市？你介意去外州上课吗？公立大学还是私立大学？这些问题都是顾问老师在为你量身定制申请大学的时候会考虑到的。并且在根据你的各种成绩做出大学选择的时候，顾问老师还会标记出 target（目标），有保底的，有冲刺的。大多数同学会平均申请 10 所大学左右。申请大学的时候会需要写申请论文，这在申请大学的过程中是非常重要的一个结点。因为论文是大学了解你的一个手段，是大学想要了解同学们的一个方式，我们最好诚实对待，展示出最真实的自己才会选择到最合适的大学。这里就牵扯到了本地学生和国际学生在申请大学上有什么不一样的问题了。

根据往年经验，相信在大家心目中都得出了一个结论：对于公立大学来说，国际学生更好进一些。换句话来说，没有绿卡拿学生签证的同学貌似申请大学要容易一些。这好像是一个流行在留学生圈子中间的“潜规则”。因为本地学生需要交的学费会更便宜一些。对于很多留学生来说，什么时间拿绿卡就成了一个比较关键的申请大学的先决条件。在申请大学后拿到绿卡是最为理想的时间段，但是很多时候这也是由不得家庭自己选择时间的。

越来越多的留学生家庭在自己家里的孩子出国留学后选择投资移民的方式。说到投资移民这里也想为大家说一下到底什么是投资移民？怎么投资移民？一般来说投资移民是以家庭为单位申请的，以投资五十万美元或者一百万美元的方式，给当地创造就业机会。选择实力强的中介是一个非常重要的事情，从接受资料的一般人员到翻译到看财务报表的律师，工作人员的办事能力一定要强，办事效率一定要高。还有更重要的一点就是中介机构的负责人是很关键的，因为负责人拥有的人脉和圈子越广，越可以选择到好的投资项目。这时候就需要根据不同的情况规划，选择一个最佳的投资方案，是企业投资、股东投资还是职业经理人投资等等。这个方案需要因人而异，这是资料能否成功进入移民局的重要因素。拿到一个非常理想的项目，一般等待大半年就会拿到一个号码，这时候基本上移民也就成功了一半。剩下要做的就是耐心等待了。所有的程序在网络上都是可以跟踪的，也就是说是非常透明的。

什么时候拿绿卡对于申请大学是有影响的，当然申请大学过程中和顾问密切配合、及时沟通是最重要的。眼观六路、耳听八方才能在这条“申请大学”的大路上，安全抵达那个叫作大学的地方！

丽珊老师说

写这篇文章时一玮刚刚成功获得绿卡，她就马上将申请绿卡的过程分享给大家。无论在哪里，一玮都会将她拥有的信息资源与大家分享，“我自己走过一遍证明是对的再讲给大家，如果能够帮到谁就好了”是她的口头禅。也正因为如此，她的朋友遍天下，无论在哪里，只要她遇到困难，肯定会得到朋友的援助之手，这就是我们所追求的人人为我，我为人人的境界吧！

美国的教室，摆设相当简单，墙上会贴着同学们的作品，十分温馨。“流动课堂”形式是美国学校里的一大特色，我的很多朋友都是在流动课堂上结交的。有时候，换种方式面对生活，会有意外的收获！

第二章

美国高中里的那些事

流动课堂的好处

——看到事情的积极方面便于接受

记得第一天到美国校园的时候，我忙乱了手脚，我根本无法找到下一节课的课堂在哪里。和国内的高中有所不同的是，这里的每一节课都在不同的教室。望着课表上不同的教室，我幻想着自己在短短的四分钟课间奔走在校园里的样子。我很疑惑，为什么要把课表设置得像大学一样，我在心里默默地想着：还是中国好，一天都在一个教室里，每节课的同学都一样，不用到处跑，而且可以一直和一个班级里的同学在一起。

在美国，课表的设置是这样的：首先，你需要根据自己毕业的需要，和学习顾问谈话，看自己需要多少课可以毕业。有些课程是必修的，而剩余的课表时间可以按照自己的兴趣添加，例如我就选择了电影制作和表演。每节课都在不同的教室，而面对的同学也是不同的。起初，我在心里暗暗抱怨，这样下去光是跑课表，我就能减掉吃汉堡过多带来的小肚子了。看着每天下课奔跑在去下一节课路上的同学们，我想：在中国的话，大家现在正趴在桌上睡觉，或者是聊天呢。

一个月过去，我慢慢习惯了这样的“流动课堂”，并且感受到了它的好处。首先，你可以认识更多的同学，并且可以选择坐在不同的位置上课。还有，你还可以趁着奔去下一节课的时候，清晰一下自己的思维，用崭新的头脑迎接下一节课崭新的知识。最后，我们可以提前适应大学的模式，也有利于今后更快地融入大学生活。

奔跑在课堂与课堂之间的同学，在我看来，就像是在进行跨栏比赛。大家从起点出发，跨越一道道障碍，最终达到胜利的终点。

丽珊老师说

每个人进入新环境都面临着适应的问题，这种“流动课堂”既会让学生保持着新鲜感，结识更多的朋友；也会让不善于人际交往的学生“水过地皮都不湿”，无从交到朋友，和同学只保持过客关系。

初到美国，一玮面对“流动课堂”这个适应性问题时，她没有一味地抱怨，而是以弹性和变通性的态度，尽力寻找着这种方式的积极面和好处。这无疑使她适应新环境提速了。

你快乐，世界就充满了快乐的因子！

我们乐于参与的学校慈善

——形式其实很重要

在我们学校里面有这样一位男孩：金色的头发，高挺的鼻子，成绩平平，酷爱摩托车。他的名字叫做 Ben，我通过物理课一起做实验和他成为了好朋友。后来没想到不幸会发生在他的身上，他在参加拉斯维加斯摩托车比赛中不幸受伤。学校为了他设计了一款腕带，上面写着：Go! Ben!（加油，Ben！）的字样，我们可以在课上找任课老师购买，价格是五美元，所有的钱都会捐给 Ben 的家庭作为支持。作为同学，戴着腕带就代表着成为了爱心家庭的一员，而且很多课的老师甚至会送上免费作业的分数，以此来激励大家购买 Ben 腕带。那是一款很好看的绿色腕带，一些同学买来戴在手腕上、系在书包上、套在笔上，还有女生做成发带……一时间，“Go! Ben!”腕带成为学校里的时尚……后来 Ben 康复回到学校，养病期间他感受到大家对他的爱，发奋学习，回到学校成绩也逐渐上升到了前几名。

像这样的慈善行为在校园中还有许许多多，以各式各样的形式表现着。比如我们学校每个月都会有一个星期五可以不穿校服，穿着自己的衣服，但是前提是需要交5美元，每次收集到的钱也会捐给类似于慈善组织，或者是医院等需要帮助的地方。

写到这里，我又联想到一次学校剧院的改造行动。这是非常有趣的一次行动，我也参与了其中。我们学校的舞台比较小，需要在旁边加设两个高台，学校并没有直接拿钱给剧院去买这些设备，而是让同学们自己编了一个小短剧来表演给大家看，门票是5美元一张，盈利的所有钱用来进行剧院改造。

我十分欣赏像这些似乎是不经意的慈善行为，Ben并没有感到捐助给他的钱是一种同情，反而觉得这是一种创新有意义的方式。而这个行为，对Ben的帮助却是巨大的。同学们在热情参与献爱心的同时，也为自己的成绩做出了微小的贡献。周五交钱可以穿自己衣服的行为也是非常值得称赞的，同学们不仅可以张扬个性，更可以同时为需要帮助的人们献出爱心，何乐而不为呢？ 而有趣的剧院改造行动，同学们自己通过努力获得的资金，都直接用于扩大剧院规模，而更大的舞台也给了热爱表演的同学们更大的空间展示自己。所有的努力所取得的回报，都直接反馈给了同学。

慈善，可以是“大张旗鼓”的，也可以是有趣的、创新的。我十分欣赏美国校园中这种不经意的慈善行为。

丽珊老师说

中国人的慈善意识薄弱绝不能说中国人不慈悲，不同情弱者，而是慈善项目本身存在问题。一是项目本身太巨大，让我们觉得自己太过微不足道，沧海一粟，这样的项目本身就应该靠国家财政稳定投入做的；二是项目指向过于笼统，让我们没有真情实感，不知道我们的钱到底放到什么人的口袋里；三是一些慈善机构的社会公信力有问题，再次打压了民众的慈善意识和慈善行动。

一玮他们之所以乐于捐赠，是因为项目小、受益人指向明确、形式又那么活泼。如果身边有人需要我们帮助，而我们又力所能及的话，何乐而不为呢？培养孩子们的慈善心和公民意识是需要内心质朴并且在形式上多动脑筋。

美国的校服同样可以个性化

——衣着代表了人的审美

如果说国内和美国最大的不同是什么，我觉得就是美国每个城市都长得不一样，无论是建筑还是人们认同的时尚，都不

我始终认为学校是个十分神圣的地方，每当站在这里的时候，总会心生一种崇敬。

一样；而在国内，无论你走到哪个城市都似曾相识，高楼大厦不断增加，城市并没有太大的区别，人们仿佛都住在一个个小方盒子里面。

相对于国内的建筑风格，美国则显得太过个性化了。不同的颜色，不同的款式，为生活也增加了几分滋味。和美国的建筑风格一样，美国人的穿衣风格在不同的城市也有着截然不同的表现。美国是一个大熔炉，不同文化不同背景的人们在此聚集，它是一个非常有包容性的国家。如果要用三个字来形容它的包容性，我想应该是“平行线”，因为无论是西装领带，还是朋克风，也或者是简单的 T 恤牛仔裤在这里都是互不干扰、平等存在的。相对于南方人的休闲风，北方比较发达的地区人们还是会在穿着上比较讲究。在美国的内陆还是多数以牛仔裤休闲衣为主，而在加州则是以比基尼热裤而闻名，在德州最能体现特色的当然就是靴子、牛仔帽。

校园中也可以看出美国人对于服装的审美。在公立学校大家基本都会穿着自己的服装，而在私立学校是和中国一样需要穿着校服的，不同于中国的是，美国学校里面同学们对于校服的选择可以有很多，男生在夏天可以穿着 POLO 衫和卡其裤，也或者是短裤和帽衫的搭配。女生可以选择长裤、短裤或者短裙，搭配上身的毛衣、衬衣等等。对于颜色的选择也十分自由。例如我们学校就有三种“校色”可以选择，分别是：绿色、白色和灰色。虽然选择性非常强，但是也一定要在规章制度下完成。就像女生的短裙到膝盖需要有信用卡那么宽的距离，男生必须把衬衣扎在裤子里面并且搭配皮带，而同学们也都是十分乐于遵守规定的，因为大家都可以在这个规定的框框内穿出自己的特色。有趣的是对于校服的穿着也是会产生“流行风潮”的，例如有一段时间内校园里流行黑色帽衫搭配绿色格子短裙，长相不错的女同学们都跃跃欲试，这样的“跟风”行为在校园里面频频出现。

其实在学校里面每位同学可以拥有不止三四套校服，为什么这样说呢？是因为在美国的校园里面每个社团和俱乐部都有自己的衣服。就比方说在我们学校如果你参加戏剧社，那么你会得到一件黑色的 POLO 衫 ，非常酷。如果参加啦啦队，就会得到一件黑白相间的夹克衫，高尔夫球队会有墨绿色的短袖衬衣。这是一件非常有趣的事情，因为同学们穿上代表自己“组织”的制服，往往会充满了集体荣誉感。到了毕业季，同学们看着自己收集到的各种校服，眼前也会浮现出自己曾经参与过的各种活动，心中更会充满沉甸甸的喜悦。

对于热爱大小活动的美国学生舞会更是必不可少的，除了毕业舞会和新年舞会需要正式穿着外，大小的Party都会由参与者自定。在美国，这些个性的选择为留学生活增加了更多的欢乐！只要不打破宽松的规矩，就可以开开心心地显现自己的特色！

丽珊老师说

衣着是一个人生活品味和审美能力的重要体现，学生时代是一个人形成审美意识、提高审美能力的关键期，过于简单没有选择的校服会使学生失去审美能力的培养。美国有专营校服的商店，每所学校所有款型的校服琳琅满目，学生可以根据自己的审美偏好来选择颜色和款式，然后自己搭配，在大的框架里，有的学生搭配得很漂亮，有的学生则会搭配得很丑。我认为国内的学校真的可以借鉴这种方案。

"因为你帮了我的忙，所以送卡给你"

——学生的时间和精力同样被尊重

记得一次我坐在教室里面听课，突然收到了一张通知，叫我去一个老师的办公室。我感到非常的疑惑，因为我不认识这个老师，最近也没什么特殊的表现。带着疑惑我来到了老师的办公室。“我需要你们帮我一个忙，因为最近学校来了很多的新同学，他们的家长对学校不是非常了解，我希望你们能够根据自己的经历给家长们做一个介绍。”我恍然大悟，看了看身边的另外两个同学，“顺便说一下，之所以选择你们，是因为你们对学校有着非常强烈的荣誉感并且平时的表现也很出色。”

走出办公室，我兴奋不已，就算是在中国这也是一份极大的荣誉啊。学生代表，代表着整个学校呢。一路上我都很自豪，晚上回家立马就和妈妈汇报这突然降临的好事。为此我做了不少的准备，收集学校的各类课程特色，和最新活动等等。在一个星期后的家长见面会上，我非常自信和全面地给学生家长们介绍了学校的特色和自己在学校读书的感受和成长。我还向新同学发出邀请，来参加我的斑马俱乐部，因为我考虑到新同学在进入学校的时候都需要通过些渠道认识更多的朋友。老师对我的表现十分满意，在见面会结束之后，对我夸奖了一番。

晚上回到家后，我又神采奕奕地通过视频向妈妈汇报了我的表现。谁知，事情并没有就此结束。又过了一个星期，我再次收到了一张通知，还是来自这位老师。难道是又有新的家长见面会了吗？我带着疑惑去了老师的办公室。“这是送你的，Eva。”我十分不解地接过了老师递来的信封，“你喜欢喝咖啡吗？这是一张 20 美元的咖啡卡，放学后我想你可以和你的朋友们去星巴克聊天喝咖啡。”“为什么？”我对于老师的行为非常不解，反问道。老师笑吟吟地说：“因为你付出了时间和精力，这是你应得的。”

走出办公室，我受宠若惊地拿着这 20 美元的咖啡卡，能被选为学生代表已经是我的幸运，没有想到，还能得到这意外的惊喜。但是和我不同的是另外两个美国学生却好像很坦然地接受了这份我心中的“额外大礼”，他们告诉我，在美国只要你付出了，就会有相应的回报。这也是为什么很多美国人非常尊重别人的劳动和时间，我相信如果每个人都能做到这点，那么提高工作效率是不在话下的一件事情了。

丽珊老师说

身教重于言教！美国的老师请学生为学校做些接待工作本身就是对学生行为表现的高度认可了，为什么还要送卡给学生呢？这是不是太过“斤斤计较”？是不是忽略了学生感恩意识的培养呢？

我不仅高度认同美国同行，而且多年来我也是这样做的。在我的心中学生的时间太宝贵了，无论我让学生做什么，都是侵占了他自己的时间，那么给学生一些回馈再正常不过。“丽珊老师，您给我机会展示才华，我都不知道如何谢您，怎么还能送礼物给我呢？”几乎所有的学生都这样说。我告诉他们每个人的时间和精力都弥足珍贵，做了这件事情就无法做另外的事情，所以我要表达感激。从此学生与我约谈时没有迟到的、完成任务没有拖延的、我上课或谈话时他们更加专注和投入。因为他们知道了如何珍惜别人的时间，如何尊重别人的劳动。

美国的教学方式与国内截然不同，老师会提供学生最大的空间去思考，不设防地任由学生发挥想象。这样的教育环境下，总是能开发我最智慧的极限，既刺激又有趣！

中国学生为什么不敢大声发言？

——说出来，机会多多

暑假回国我到一家报社做实习记者，给我印象最深的是采访一所国内著名大学进行的“教育改革”，改革主旨是希望能够让大学生在大学四年期间有充裕的时间去实习，进入社会的对口工作岗位半年左右，而这半年的工作表现也会被纳入正式的学分考核中。这个改革的发起者是一位工商管理学院的教授，他提到了一个新的理念，叫做“ASAV”，分别代表着ability（能力），skill（技术），attitude（态度），value（价值）。当讲到ability（能力）的时候，他非常自信地告诉我，“现在我们非常重视培养学生们社会实践的能力，我们甚至会让学生们一个月做一次PPT(powerpoint）来进行他们的学业汇报。”

采访结束后，我联想起在美国的一些学习经历。在美国的课堂中，我们时常会用到PPT，imovie 等专业软件。因为许多课程都会要求同学们做一个PPT来展示你所学会的知识。我在美国上的物理课到期末考试时，老师明确告诉大家考试分为两部分：一部分是笔试，另一部分是做一个关于物理主题的电影。我们小组选择做的主题是“自由落体”，于是我们就拍摄了一个名为“动物也爱物理”主题的电影，在电影中我扮演一只粉红豹，用从台子上摔下的方式生动地表演“自由落体”，而我们组的其他成员则负责拍摄录像、准备道具等等。我们用从不同楼层往下扔网球的方式来表现“自由落体”，而整个小电影也以一种轻松的气氛和搞笑的情景贯穿来表现主题。整个过程我们都非常享受，因为不但学会了新的知识，了解了如何进行电影后期制作，更让我们巩固了友情和拥有了一部自己参与在内的“微电影”。诸如此类的教学方式还有很多，甚至从美国的初中就已经开始培养学生如何使用PPT等工具展示自己所学的新知识，学校更加注重培养的是学生的表达能力和自信，还有不可或缺的微笑。

在美国的课堂上还常常会发现这样一个现象，就是中国的同学不擅于举手回答问题。很多美国老师经常调侃道，“我想这个问题中国的同学一定在心中有了答案。”现实情况也确实如此，尤其是关于数理化方面的问题，很多中国同学其实心中清楚答案是什么，但是就是不肯大胆地举起回答问题的手。就像如果美国老师问同学们如果考试的形式可以是有两种，一种是做演讲，另一种是考笔试的时候，那么绝大部分的中国同学一定会选择后者。是什么原因造成了这样的局面？是什么原因让我们“害羞”的中国同学不愿意大胆回答问题？又是为什么中国同学即便回答问题，也是用分贝很小的声音？

记得在一堂健康课上，美国老师提问一位中国同学一个很简单的问题，但是这位中国同学回答问题的音量还不足以让同桌听见。于是老师手放在耳朵边做听不见状，大喊：“我听不见你说话！”于是中国同学又重复了一遍答案还是以相同的音量。重复了四五遍后，中国同学终于大声喊出了答案，脸却涨得通红。还有一次老师在课堂上问问题，许多中国同学都看着黑板或者老师，嘴巴紧闭。老师不得不使出杀手锏，开始问一些最简单的问题。“今天星期几？”“1 + 1 等于多少？”“老师叫什么名字？”就是这样，中国同学才慢慢参与进了回答问题的行列。

“说”是一个非常重要的事情，“敢说”是中国同学普遍面临的问题。有困难需要发问，有想法需要表达。“说”可以给我们带来机会，解决麻烦，更可以让我们在沟通中成长。我从小就十分热爱音乐，无论是唱歌、乐器还是跳舞都喜欢去尝试。由于学校里面亚裔的同学比较多，我成立了一支“中国女子西班牙舞队”，黑色的长裙加上女生们黑色的长发让我们这支舞蹈队充满亮点。但遗憾的是没有很多的同学了解我们这个特殊的团队。那是一次艺术表演，我们的团队报名参加了。在表演结束后，场下无比安静，仿佛还没缓过神来，气氛有些尴尬。我不知道从哪里来的勇气。向前迈了一步，介绍道："我们是一支中国舞蹈团队，主要表演一些西班牙舞蹈。非常希望有更多的同学参与进来，你们可以随时与我联系。"台下掌声雷鸣，我们的表演获得了巨大的成功，在那之后也有不少同学来找我报名，一切都发生得那么自然，好像没有一个人注意到我这"后加"的介绍。大胆地说，自信地说，我相信也一定会让美国人对我们小小留学生刮目相看！

丽珊老师说

中国人含蓄、内敛、好面子，在回答问题时总渴望能够想到完美再说，担心丢丑，更不喜欢因为"主动张扬"而丢丑。这种情况在中国比比皆是，也就泯然众人、不那么显眼，而在美国则显得很突兀。美国人更崇尚表达和团队合作，他们就没有想过靠自己的能力就可以把问题的全部内容思考清楚，他们更坚信团队的力量，每人贡献一点点，集腋成裘。到国外留学不用总是给自己贴上什么标签，你和大家都一样，就是团队中的一员，将心态放平和了，针对老师提出的问题，想到哪里就说到哪里，反正回答老师的提问又不是你一个人的事情，大家都来加加油嘛。你越放轻松，你就越入流，越不被大家以观察异类的目光看你了，大胆地将自己的所有的思考说出来，就算不完美又怎样？

美国是个制度相当严格的国家，每个人如遵守“五月花号公约”般严格执行制度。在学校，你必须要为自己做过的错事受到相应惩罚，很多时候不是一句“sorry”就能了事的。

你收到 detention 了吗？

——美国的学校管理更严格

相信很多留学生都会非常熟悉这样一个词语，“detention”，这是一个惩罚，就像在国内犯了错误会记处分一样，不同的是在我们学校如果你收到这个 detention，还需要在周末的上午到学校劳动，并且缴纳 20 美元的费用。这个 detention 在很大程度上约束了同学们的行为，因为谁也不愿意在周六的上午起个大早跑到学校里面捡垃圾。

记得有一次我在上化学课的时候，就突然收到这么一个detention，上面还标记着：ASAP!(as soon as possible，越快越好）也就是说我需要在课上到一半的时候去校长室，我非常疑惑地回忆自己最近犯过什么错误，想了一路也没想出来，到了校长办公室才发现原来还有不少同学也拿着detention围在校长桌旁，“你们之所以拿到detention是因为上周的其中一天你们的校服不合格。”学校对于校服的要求非常严格，女生的短裙需要在膝盖上面一个信用卡的距离，男生女生都一样需要把POLO衫下摆塞进裤子里面。我瞬间回忆起上个星期由于懒就忘记把衬衣塞进裙子里面。对于detention我们向来是充满“敬意”的，基本不会有人反抗不去承认错误，或者不在周末来学校劳动。因为我们知道自己犯的错误就需要自己来承担后果。

其实相对于国内的学校，我觉得美国的学校要求还是十分严格的。记得原来在国内上课的时候，有个男同学总是以上厕所的借口出去打手机，最后老师拒绝了他上厕所的要求，他还非常不屑地对老师说：“在美国上厕所都不用和老师打招呼呢！”来到美国后才发现，情况并不是这样的。比方说在我的美国历史课上，老师会在学期的一开始发给大家一张表格，上面有几十个方块，说来好笑，但这确实是我们用来申请去洗手间的“门票”。如果你需要去洗手间，那么老师就会剪掉一个方块，除非特殊情况，不然一节课只允许用两个方块。在学期末的时候，这个方块还可以用来换作业的分数，你的方块越多你可以得到越多的奖励分数。换句话说，在课上离席的次数越少，最后可以得到的奖励分就越高。在别的课上也是如此，如果想去洗手间，是需要举手向老师询问的，在经过允许的情况下才可以离开教室。

我们国内的人一直误认为美国的学校管理很宽松，甚至有的学生之所以留学就是受不了国内学校的管理。其实美国的一些私立校规章制度比国内严格得多。比如对于考勤率，学校也格外重视。我们学校一个学期会允许 12 天的假期，这个所谓的假期其实是可以请假的次数，正常的情况下如果你请假的次数超过了 12 天，那么整个学期的成绩都要作废。这个规定的实施也是非常有力的，我的一位中国同学就因此吃了大亏。她是一位即将毕业的 12 年级学生，但是在她的 12 年级一年却请了高达 20 天的假，学校取消了她的所有成绩，没有了成绩就没有了毕业的资格。这时她的选择只有留级或者回国，她无法接受这样的结果，采取了特别不明智的做法，跑到校长室大喊大闹，结果当场被学校开除，并进入了黑名单，使得她成为周围学校不受欢迎的人……留学生中像这种情况的还真不少，在国内上学时养成的坏习惯，稍微有些不舒服就请假，在家休息一天就想继续歇一天……但在美国，只要一个学期请假超过 12 天，就要面临大麻烦了。

美国学校坚信只有在高中阶段对学生进行严格地管理，帮助学生养成了良好的习惯，这样学生升入大学后才能在竞争中脱颖而出。而为了培养这样的人才，他们只有“狠心”地执行每一个看起来极为严格的规定，就像“狠心的母亲”一样。当很多同学顺利完成高中阶段进入大学的时候，才会发现原来真正从中受益的是自己。

丽珊老师说

我对美国的学校管理特别感兴趣，作为一个教育心理工作者，我咨询的一个重要内容就是协调学校、教师和学生、家长之间的关系。在现行教育体制下，直接与学生发生冲突的永远是班主任，班主任站在学校管理的角度要求学生，如果效果不明显，学生行为没有改善就会被学校领导认定为“事业心不强”“班级管理不到位”；而如果太严格了，引发学生不满情绪或家长投诉，学校领导则成为“和事佬”，将所有的罪责推到老师处理不当……所以中国的教师压力太大了。一玮告诉我，在他们学校里，同学和老师之间的关系很和谐，因为老师不承担“教育”学生的任务，就算他给你一个 detention，通知你去找校长时也会微笑地祝你好运。而校长也不是恶人，他只是遵照学校的规章制度执行就是了。系统而明确的规章制度让师生都明确了红线在哪里，无需掺杂进去个人的恩怨。我不禁慨叹，在美国当老师太幸福、太轻松了。

“Shuttle Day”

——学校体验日为转学提供了便利

有一次和同学在学校的走廊一起并肩去往下一节课的教室，我瞥眼看见了左边墙上贴了一张绿色的公告，好奇心十足

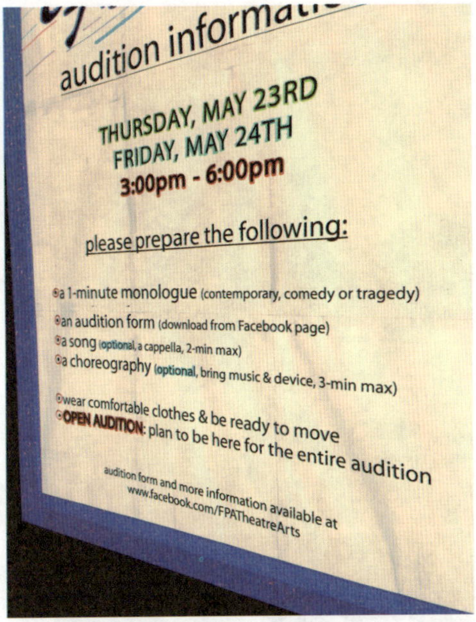

这个海选的表格正是我通往“艺术之门”的钥匙，此后，我成功地完成了两次学校的话剧表演。对我而言，当决定去做一件事情的时候，就一定要全力以赴！

的我又退回几步仔细地看了下这个公告。这也是我第一次认识了” Shuttle”这个词语，仔细阅读发现原来这是一个活动，也可以说是“老生带新生的一天”，我记下了活动的联系老师和教室，便匆匆地和同学去上课了。

第二天我就去了那个教室咨询这个活动，老师给我解释道，因为有些初中或者外校的同学希望先了解这个学校，再转学。所以每个学校都会提供这样一个“Shuttle Day”供同学们参观校园，学校也会安排一个在校学生带领新生上一天的课，也可以说是“一对一”，这个新生会按照老生的课表当个“小小跟屁虫”。这对我来说十分的新鲜和有趣，于是我立马介绍了

夏威夷，阳光、美女和美味多汁的菠萝。这样一个安逸的午后，一辆脚踏车，一次梦想之旅。这样的日子能说什么，唯有很好！很好！

自己的情况，看是否能参加这个活动，带一个新生上一天的课。让我非常激动的是老师同意了我的要求，并且会在一周后为我安排一位新生由我带领他认识这个学校。

当时那个阶段，我身边正好有几位同学有了转学的念头，但是谁也没有类似的经验，我就产生了一个想法，既然我们学校有这个体验项目，是不是在别的学校也同样开展类似的活动呢？于是我开始着手搜集大量周边学校的资料，慢慢发现其实在美国“Shuttle”是个非常平常的学校体验活动，基本上每个学校都有。学校在招生之际，都会在之前选择几天开展这个体验校园的活动。而同学们要做的就是在网站上记录信息，然后给想选择的学校打电话填个人资料，并且选择在“Shuttle Day”希望由男同学还是女同学带领体验学校。

一周后，我接待了这个“还未转入本校的新同学”。这是一个可爱的墨西哥男孩，还在上初中，擅长体育。我非常热情地向他介绍了我们学校的课程、俱乐部，还有同学。这个成功的接待经历让我产生了去别的学校体验“Shuttle”的念头。于是我准备做这个“第一个吃螃蟹”的人。我上网查阅了一些资料，并且选中了其中的一所学校作为我“Shuttle”之旅的对象。当天我就拨打了这所学校的电话，并且选定了一天。我把这个事情告诉了我身边的同学们，他们也回馈我说如果体验成功，他们都准备来试试。

来到选定的学校，是一位可爱的美国女生接待的我。非常幸运，我得知原来她是这所学校的学生会主席，学习成绩和工作能力都非常的优异。她带我参观了学校的各个场馆，并且给我全面地介绍了一下这所学校的情况，还介绍了很多她的朋友给我认识。因为我对表演感兴趣，所以我请求她带我多了解一下这所学校的剧院环境。在学校的剧院，我还看到了这位美国女生之前表演过的一些小话剧的照片和录像，每一次演出都是那么的生动可爱。在下午放学的时候，我和这位女生交换了手机号码并且成为了好朋友，她告诉我如果有任何疑问都可以随时联系她。这是一次非常成功的“Shuttle”经历，在一周后我还收到了来自这个美国女生的贺卡，她写道：感谢上帝能让我认识你这位好朋友！我对中国文化非常感兴趣，希望我们有空可以一起玩。并且希望我可以转入她们学校和她一起学习。

我把我的这次成功经历告诉了我身边的朋友们，他们也陆续报名了各个学校的“Shuttle”去体验，由于可以有一天的时间来深度了解一所校园，他们后来的转学工作也就变得简单容易了许多。

丽珊老师说

一玮怀揣一颗赤子之心，对周围所有的事情保持着高度的好奇心，并且敢于实践。她的敢于实践不仅表现在她机敏地发现“Shuttle Day”招募志愿者的通告，就积极参与，还表现在她开始收集周边学校的体验信息，自己也获得Shuttle的机会。机会就在那里，无论你是否发现；资源就在那里，无论你是否利用。一玮充分享受着周边的资源，丰富着自己的人生阅历。

“我忘带作业，放在家里了。”

——美国老师绝不买这种借口的账

这个问题多数发生在刚刚去美国留学的同学身上。对于没写的作业，同学们会和老师解释“我忘记带了”“我找不到了”。

外表强悍内心温柔的老师。不过，上课打盹可不太好啊！

OK，那这次的作业就是零分，就是这么简单。和中国不一样的是，在国内很多“忘带”的作业，老师都会给你“找到它”的机会。但是在美国，每一份作业都是需要按时交的，很多在网上的作业如果你错过了提交时间，这份作业会自动消失。也就是说你没有弥补的时间。用“找不到”为借口在美国可以说是不适用的。

我有位女生朋友，她非常聪明，在国内属于家长老师眼中的“尖子生”。在美国也同样，每次考试她都可以拿到非常优异的成绩，但是她有一个很大的毛病，就是：很少写作业。这种智慧超群的同学，我记得原先在中国是非常受欢迎的。同学们还会对其夸奖说：“看谁谁多聪明，人家不学习不写作业都一样可以考满分。”但是这个女生最终却没能申请到一所理想的大学。因为在美国作业的分数和考试分数一样重要，都需要算在你的GPA（平均分）里面。只想通过超常的考试分数来申请好大学在这里是非常不适用的。而不同于这位女生的一些同学是，考试成绩平平，但是非常好地完成每一次老师布置的作业和课程，这些同学最终的成绩往往高于这类“考试生”。

“找不到”这个借口在老师眼里涉及了一个“诚信”问题，而诚信，也是美国学校着重培养的一个方面。一次两次的没带作业，“愚蠢”的美国老师会信以为真，但留学生多了他们就看出其中的猫腻，于是好了，在老师的眼里，这类同学就是既不好好学习，又爱说谎的孩子了。

我还有个朋友碰上了这么一件“倒霉事”。他有一次暑假回国，签证却久久下不来。这可急坏了他的妈妈，怎么别人家的孩子都能顺利通过签证手续，这眼看着开学日期慢慢逼近，可是大使馆那边却没有任何动静。着急的妈妈四处打听孩子签证下不来的原因，有人说是不是孩子在国外有犯罪记录？但是就这位同学平时的表现来说，排除了这个假设。还有人说是不是这位同学在国外的成绩太差？这位妈妈立即联系到了孩子所在的学校。一调查，还真的是这个原因。很多国内的家长可能觉得很荒谬。因为成绩不好签证过不去？经过和学校的反复商量，学校终于同意和大使馆协商，孩子的签证这才下来。

其实在留美路上我们还会碰到各种“隐形炸弹”。在照顾好自己生活的同时，学生还是要以学习为主的。学会观察，适应“规则”是非常重要的一件事情，无论是对待学习还是生活。

丽珊老师说

和留学生们交流多了，我越来越感觉到，在美国申请大学比在国内考大学可难多了。中国的高考是一锤子买卖，对于竞技型的学生来讲，只要考好了就OK了，之前不太端正的学习态度、不太好的学习效果都可以一笔勾销。美国申请大学是一个慢功，从升入高中开始就要认真完成作业、认真对待每次考试，这些统统记录在你的档案中，而这个档案是大学是否录取你的很关键的标准。

美国"恶心"的健康课

——你给我讲解一下你的课题，我就给你换课题

"天呢，这个老师疯了吧？"

"哎呀，恶心死了！"

"我得向校长投诉！"……

从哪里飘来那么多抱怨声？原来是同学们在上Mr. Ortiz的健康课，这位老师的健康课是每个高中生在这里必修的一门课，其中包括的内容有：身体健康、心理健康以及和外界的人际交往等等。

相对于中国学生，美国学生的求知欲与好奇心都要强烈一些。也许，渗透在骨子里的民族特征总是带着些本性难移的倔强，但是改变与否，全在自己手中。

这个月我们要完成的课题是关于“性病”的课题，中国学生对此非常惊诧和愤怒，甚至有些同学觉得老师对中国学生有偏见，故意布置这样的题目。也难怪，因为在中国有关“爱情、性”这样的问题都是被家长和学校屏蔽的。坐在我不远处的中国同学在谷歌上查了老师布置的英文题目，然后大叫起来：“淋病？！我只在中国电线杆上看见贴着的广告上写着这个词啊。”我得到的题目是查找艾滋病的传播方式。

班里的大部分中国同学都去找老师换课题，老师并没有生气或者不耐烦，非常认真地看着同学说，“好，那你给我说一下如果你身边有同学得了性病，你会怎么帮助他/她？”周围响起一片哄笑声，有的女生害羞地回到自己座位上。“如果你不知道怎么解决的话，回去搜索资料，然后汇报给我，我会给你换新的课题。”我非常认真地在网上查找有关艾滋病的资料，并且准备充分地演说了自己的专题，得到了老师的好评，而我在认真演说的时候并没有感到一丝尴尬。临近尾声的时候，老师告诉我们，这些东西的重要程度远远超过了我们的想象，而当我们用科学的态度来面对它的时候，这些都是严肃的真理。

老师的最后发言让我感动，我感受到的是在面对知识的时候，老师的平等对待和严肃的态度。我想，在这样的教育下面，同学们怎么会再继续放肆地嘲笑真理呢？

丽珊老师说

青春期的孩子会在荷尔蒙的推动下去恋爱，却不愿以科学的态度面对性、性病和性病的防治等等知识，甚至将“性无知”当成“性纯洁”。我们对自然科学抱有那么大的好奇和探究的热情，却对自身缺乏起码的学习态度。

谁来担当孩子性知识的教育工作？在国内，父母认为应该是学校的老师，但老师又有太多的顾虑，毕竟对于性知识的掌握学生是具有很强差异性的；学校希望父母根据孩子的实际情况讲给孩子，有多少父母能够把性讲清楚呢？成年人放弃了对孩子的性教育，同伴、网络成为孩子们获得性知识的主要渠道，科学性则无从保证。想到这里，我特别想向 Mr. Ortiz 致敬！

人生每个阶段的改变，一定是内在的因和外在的缘，能够在最恰当的时候遇在一起，因缘果报。所以，成为更好的自己，是件水到渠成的事情，你只管去努力，到了一定量的累积，自然就成为更好的自己。

第三章

提高自己解决问题的能力

一定要听官方的语言

——面对问题勇于澄清

我生性直率，无论遇到什么事情都会讲出来，我觉得这样可以消除很多的误解，可能我的这种性格很适应美国。

在初中我随着学校的夏令营来到了美丽的西雅图，并且参加了当地一个学校的暑期课程。我们的任课老师是个非常可

在美国，大多数学校都会有自己的网站。这是同学和学校之间沟通的桥梁。在这个网站上，你可以查询关于学校的所有信息。

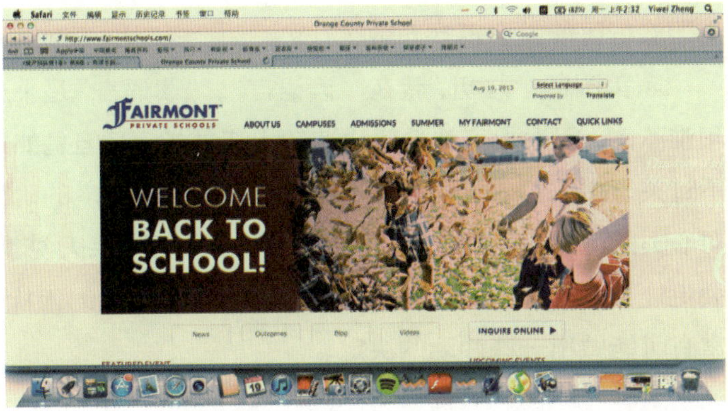

爱的中年女士，协助她教学的是她的女儿。刚开始的时候大家其乐融融，同学们对于这个新环境也有着十分大的兴趣。但是因为一节课，同学们和这位老师的关系突然变得非常紧张。是这样的，有一天这位老师在教学中聊到了食物问题，中美在饮食方面还是有着非常大的差异。于是这位老师就举了个例子："就像中国人爱吃鸡爪子，兔子爱吃胡萝卜一样，美国人对食物也有着自己不同的选择。"这可不得了，中国同学怒了，这不是把我们比作兔子吗？这就是赤裸裸的歧视！同学们觉得自尊心受到了极大的侮辱，从那以后上课再也不认真听讲，甚至有的同学还故意不去上课。我感到事情不妙，于是在一个课间去找了这位老师。"老师，你有没有发现最近同学们异常的表现？""是啊。我真的一头雾水，我有什么地方做错了吗？"我一下子开始同情起了这位还蒙在鼓里的老师。我向她解释了同学们异常表现的原因，她这才理解了，原来是因为自己不经意的一句话导致了中国同学感受了歧视。歧视，在美国是一个非常严重的问题。虽然这位老师是没有恶意的，但她还是在下一节课开始的时候，郑重其事给大家道了歉，这才缓和了关系。事后我也非常庆幸自己及时地去找了这位老师谈话，不然这趟学习旅行可能就会不欢而散了。

到美国留学之初，我在"读语言"。"读语言"是十分枯燥和难熬的，因为大家都希望快速转入正式校区，但是如果语言不过关，在正式校区学习就会感到吃力。"读语言"的阶段更是对心灵的考验，因为这个时候大家都刚到美国，每天说着外语，会更让自己想家。如果这个时候再有一些生活上的困扰，就非常有可能做出一些冲动的决定。

记得有一天，我们班里突然有个同学说："哎呀，我看不行我就要准备回国了。人家说咱们这样熬着，熬几年都说不定呢。而且学校里面说了，你成绩没有五个A根本进不了正式校区。"此话一出，同学们像炸开了锅一样。大家都开始想办法，转学的转学，回国的回国，学校突然消失了很多同学。我的心里也十分焦急，这可怎么办呢？我想远在国内的父母肯定对此也束手无策，告诉他们反而让他们增加负担。那个时候我的心理活动非常剧烈，每天晚上都睡不好觉，甚至觉得自己的生活一下跌入谷底。

可是就在一个晚上，有个念头突然冒了出来：是谁先发布的这个消息呢？所谓的没有五个A就无法转入正式校区这个消息到底属不属实呢？ 第二天起床，顾不上别的，我就直接去了校长的办公室。面对着校长，我的紧张完全被担心和顾虑所替代，我一股脑说出了所有近期的状况，并且提出了我的问题，没有全A是不是就无法转入正式校区。校长听完我说的话，非常诧异。他告诉我校方从来没有这样的规定，更没有熬几年都出不去这种说法。因为美国的高中是有年龄限制的，不会无限期地让同学们浪费时间。他和我说，他也发现最近十分异常，有大批同学转学，但是他没有想过会是这个问题导致的。第二天，他召集了学校的很多领导和老师开了会，也邀请我参会。开会的时候，我在心里松了一口气，觉得前途还是光明的。会上，我建议校方立即召集全体语言部同学开会，说明情况，并且列出可以转入正式校区的条件。未来学校招生时，要对刚来的新生明确所有的条件。校长很高兴地采纳了我的建议，并且送给了我一份推荐信。凭着这个推荐信，我提早半年转入了正式校区。

开心的同时，我也知道了及时发现问题，及时纠正的重要性。

经历这两个小事件，我发现了主动沟通的重要性。只要你大胆、自信地发表你的意见和建议，总会有惊喜在后面等着你！

丽珊老师说

出国的孩子多是报喜不报忧，父母根本无从了解孩子在日常生活和学习中的所思所忧，却要对孩子所有选择的结果买单。到国外留学，因为语言不通造成双方信息的不对等，一旦遇到困难就会不知所措，做出错误的选择是再正常不过的事情。从在国内申请国外学校开始，家长就不能仅仅听信中介机构的一家之言，而要信赖学校的官方网站。同时嘱咐孩子，在留学期间遇到问题，一定不要轻信小道消息，凡事都追本溯源，从官方获得信息。

“快，把胡萝卜递给我。”

——做饭是留学生们的必修课

“快，把胡萝卜给我！”“下一步是什么？哦哦，放入肉丝煸炒！”不用说，如果你在厨房里面听到这样对话，那是我们

在外求学，除了知识上的获益以外，更是让我这个一向饭来张口的人，厨艺增进不少。对我而言，与小伙伴们一起下厨做饭，是件非常有意思的事情。

小留学生又开始做饭啦！记得有一次爸爸去美国看我，我趁他休息的时候给他展示了一下我的厨艺。那天我做了八菜一汤，虽然是个“鸡蛋宴”（蕃茄鸡蛋，鸡蛋蛋汤，青椒炒鸡蛋等），但是我还是看见了爸爸眼角激动的泪花。

做饭，已经成了留学生们的必修课。有人开玩笑说过，“我们留学生就是全能运动员。装修、做饭、收拾屋子都是必须掌握的技能，不分男女。”不过现实情况也确实如此，我们再也不能在家和父母玩“扮家家”的游戏了，所有的一切都要由自己来安排。说到做饭，这也逐渐变成了很多留学生的兴趣爱好。既可以打发无聊时光，又可以交到几个“饭友”，这是一件多么快乐的事情啊！就像我一样，曾经有一度我都沉迷在各种做饭网站上面。“教您如何用电饭煲做菜”“300 种家常菜”“甜点大全”，这些网页的历史记录绝对是排在我电脑访问网站的TOP5。自从爱上了做饭以后，我的生活也有了很大的改变。在不喜欢吃住家的墨西哥“豆子宴”时，我可以自己调剂一下做一碗酱油炒饭。有趣的是往往这香味还会把我的室友们给吸引出来，所以我又得多炒一碗。住家也纷纷提出要“尝尝”的要求，所以我还得继续再炒一碗。最终“豆子宴”改成了“炒饭宴”。

但我开始学做菜时，差点把家给“烧”了。那次，我炒土豆丝，因为刚开始迷上做饭，经验不足。土豆丝切得和土豆块一样大。根据网上的步骤所说，我把一大碗水浇到了油锅里。火“腾”的一下就窜得老高，吓坏了我，叫来室友们帮忙这才把火熄灭。但是这些“有惊无险”让我更加热爱做饭了。

我去中国超市买了一个火锅炉，每个月都会邀请朋友们来家里开个“火锅派对”，吃着家乡的口味聊着开心的事情，这些都是留学中美好的回忆。而我的寄宿家庭也往往禁不住诱惑。他们刚开始还对火锅有些“偏见”，因为大家一起涮一个锅，在他们看来是不卫生的。而且涮的都是他们从来没有尝试过的“稀奇古怪的玩意儿”。但是他们在鼓起勇气尝了第一口后，赞不绝口。“怎么会那么好吃？”看着他们被辣得直喝饮料，并且还在用着“不娴熟”的筷子从锅里面捞豆腐的时候，我傻傻地笑了。

我在西雅图寄宿家庭里教他们做火锅，他们是第一次见到这种新奇的吃饭方式。刚开始的时候，大家还都带有“抵触”情绪不愿意动筷子，但是当火锅的香味飘散了整个院子的时候，他们都纷纷开动了。看到他们都很爱吃，我也感到非常开心。更让我惊喜的是，留学后，我也会从洛杉矶到西雅图看他们，发现他们竟然已经在用“火锅派对”来款待朋友。有时，我接到了他们的来电，“Hey，Eva！你猜我们在干吗？”“游泳？划船？吃饭？”“哈哈，你猜对了一半！我们在吃饭！在吃‘huo guo’。”我惊呆了，但是心中是满满的成就感。“虽然我们做的没有你做的好吃，但是我们还是邀请了邻居来家里享用火锅宴！”原来在我和他们去中国超市买材料的时候，他们早就悄悄记下了名字，并尝试着做了，中国的火锅已经火到美国寻常百姓家了。

做饭，成为了留学路上一件非常开心的事情。我也发现在暑假的时候，很多同学回到家都会给父母露上那么一两手。这时候父母都会既感动又心疼地看着自己的孩子，觉得他们长大了！做饭，一个集各种好处于一身的活动！我希望自己在将来能够做出更多美味。

丽珊老师说

我建议每一位打算去留学的学生都要学会做饭，因为身在异乡会做饭是很重要的事情，不仅能让自己吃到家乡口味，减缓内心思乡的情怀；而且还能是一个社交手段，我的许多留学生回来都告诉我，会做饭使他们成为“小领袖”，同学们都喜欢跑来吃吃中国菜，有时还顺便“同化”几个外国人，他们也开始对中国菜感兴趣，甚至喜欢上中国文化。

退货就这么简单

——买了不合适的东西记得要退哟

早上起床后碰到了正好要出门买东西的住家妈妈，“Eva，牛奶和面包在冰箱里面，我去买点衣服，Rose 在打折但是我要先去把这个锅退掉。”这已经不是第一次了，这个对于购物有着狂热喜爱的住家妈妈，总是要先退掉一些东西，再拿着这笔钱去购物。真是可怕又可爱的月光族。

我去冰箱里面拿出了牛奶面包开始了我的早餐，打开电脑播了一曲小清新的爵士乐，配合着窗外明媚的阳光，我在心中感叹道：真呀么真幸福！住家妈妈此时也一定很开心吧，她会顺利地退掉锅然后拿着这一小笔钱为自己和家人挑上两件打折的衣服，中午回来的时候说不定还会捎带一块 costco 的大 pizza。说起来也真的是奇怪，在美国退换物品甚至比买东西还要方便，如果是在规定退货日期内，只要提供一张购物小票，便可以顺利退掉物品。记得一次我在一家衣服商店买了一件薄毛衣，但是拿回家的时候发现其中一只袖子的底下破了一个小洞，第二天我就拿着衣服去了那家商店。店主非常热情地招呼我坐在沙发上，并且询问我需要普通矿泉水还是气泡矿泉水，几分钟后便给我拿来了一件新的衣服，还送了我一张优惠卡。这个完美的售后服务体验，让我从那以后不再担心退货的问题，如果遇到商品的质量问题，我更会自信地去超市提供小票，然后拿到退款或者是新物品。

傍晚，住家妈妈提着大包小包的战利品回来，不出我所料还有一张大大的 pizza。“孩子们，快出来看看妈妈给你们买的新衣服！”住家妈妈无比兴奋，“Oh，Caleb！这个牛仔裤你穿太大了，我明天去帮你换一件小号吧！”我笑了笑，并且开着玩笑说：“退货如此容易，买的时候就不需要太认真挑选了，随便拿一个就好了！”

丽珊老师说

多年前，我的一位朋友到美国看望儿子。我知道她对英语一窍不通，回来后我问她在美国待了好几个月是不是很寂寞？她兴奋地告诉我，太不寂寞了，她几乎每天都要去购物，发现不合适转天再去退货，忙得不行。她认识了街区的一些中国人，她们一起做中国菜……根本就不需要儿子陪。我的天，在中国要想退货可是需要费很多口舌的，她的英语长进也太快了吧。她笑着告诉我，在美国退货是不需要太多语言的，只要提供购物小票，连退货理由都不需要说，直接退！所以到了美国，买了不合适的东西千万别忍着，直接去退掉吧！但回国之后，购物要谨慎哟！

美国人非常热爱运动，瞧！为了感受美国运动文化，我和我的小伙伴们也来 24 hour fitness（健身房）凑热闹了！不过，说实话，运动必须要从长计议，像我这样心血来潮是不可取的！

“这是你的责任”

——美国人是这样培养孩子自立的

美国教育中，对孩子的独立性培养十分注重。看！这个沙发拼装工作就是我独自完成的哦！别给自己太多退路，你会发现自己的很多潜能都会被激发出来！

在寄宿家庭住了一段时间后，我觉得应该给自己的房间换一个稍微大点的床，也想添置一个沙发。于是便找了个朋友陪我一起去 ikea（宜家）选家具。ikea 是一家瑞典的家具公司，现在在中国的各大城市也开了分店，而且好像很受老百姓的欢迎。去 ikea 买大型家具，首先你需要从二楼选定物品，然后记下标号，再去一楼根据号码来找到自己所选物品需要用到的材料，如木板、床架等。

我买了一个床还有一个沙发，公司把东西运到了我家后，我一看这东西可不少啊。我敲开了住家的房门很自然地对他说："Dad，我今天买了一些家具，你可以帮我组装吗？"虽说这是一个问题，但是我已经做好了让他帮我装的准备了，再加上他以前做过建筑师，这些组装家具的活对他来说不就是小菜一碟么，我心里想道。"不，我想你可以自己完成这个事情。"我出乎意料地遭到了他的"无情"拒绝。他话落就去忙其他的事情了，我望了望这些堆在门口的大箱子，感到又气愤又无望。把这些家具推到了我自己的房间后，气喘吁吁的我在心里暗下决心：我绝对不会让他们坐我拼好的沙发的！在地上蹲了一会过后，我觉得不行，最后还是要自己来做，那不如先开始吧。

我从箱子里面找出了说明书开始按照上面的图纸一点一点拼凑床，这可不是个容易的活，虽然图纸和工具都非常齐全，但是对于一个在家不干活的小女生来说，这简直就是一项不可能完成的任务！拼了拆，拆了拼。一会儿把木板拼错，一会儿螺丝拧错位置。但是我没有放弃，几个小时过后，我竟然就这么"错着错着"把床拼凑完了。而且我在上面试坐了一下，感觉非常的稳。巨大的成就感促使我接下来在不到一半的时间里面又把沙发拼凑好了。这个时候望着眼前的一切，疲惫的感觉被巨大的成功感所替代。我走出房门去厨房倒水喝，正好碰到了住家爸爸。之前的怒火还未完全消失，我没有和他打招呼。"Eva，完成得怎么样了？带我参观参观？"我点了点头，他打开我的房门看见了我的两个"作品"，他大声叫喊道，"太棒了！Eva，我就相信你一定可以做到！"他还非常激动地叫来了其他的家庭成员，"瞧啊，这都是她一个人完成的！"我在心里面想，嘿，你这个人还真的一点都没有惭愧之心！你还好意思大呼大喊呢，要不是你我才不会累得半死。“说说你的感受吧，Eva!”他竟然还假装开始采访我，我的感受？我的感受就是我想把你们家沙发都拆掉让你自己重新再组装一遍。“哦，我的感受就是组装真的很累！”我略带埋怨的语气和他说。他其实从一开始就知道我很气愤也很不开心。“Eva，”他的语气变得缓和并且严肃，“我当然可以帮助你安装这些家具，因为这些对我来说真的非常简单。但是我觉得安装你自己的家具是你的责任和义务。你有必要去学习这些本领。就像在多年以后，你没有多少工资请装修公司来帮忙，一切都需要你自己来做的时候。你可能会非常感激今天的自己！因为你在学习，这些本领可能你一辈子都会有用。”他的一席话让我的气顿时全无，并对他产生了一些感恩的心情。我笑了笑，“你也看出了我之前的埋怨对吧，Dad？因为我以前在中国很少自己做这样的事情。但是现在我拼装完了我的家具，我很开心！”我们击了掌来表示我们都非常高兴！

没过太久，我陪另外一个中国女生去买家具。在付钱的时候可以选择只运输，或者加 100 美元别人帮忙拼装。由于她家的经济条件非常一般，觉得 100 美元有些贵。我看出了她的犹豫，提议不如我们一起自己组装她的床。她半信半疑并且有些开心地接受了我的提议。有了之前拼装床和沙发的经历，这次我们的工作进展得就比较顺利了！用了一下午的时间，我们就把这张床拼凑完整！铺上床垫床罩，我们躺在上面觉得这是最舒服的床了，因为这是我们自己取得的劳动成果。“Eva，谢谢你！这是我第一次组装家具！”她歪过头看了看我，“哈哈，我也才是第二次呢！”

丽珊老师说

一玮在给我讲这个故事时，我问了一句：住家爸爸也是这样要求他的孩子吗？一玮说是的，就连才刚刚3岁的孩子也要自己做事情。我不禁暗笑自己的“追问”。美国孩子的独立自主在全世界都是闻名的，这与他们的教育理念和教育方法有着直接的关系。给孩子自己动手、“拼了拆、拆了拼”的机会，不就是给孩子自我学习、自我纠错、自我成长的机会吗？

获得康奈尔 OFFER

——成功属于有心人

又是一年毕业季，大家有喜有忧。有的同学申请到了自己的“dream school”（梦想学校），也有人勉强去了一些偏远地区的小学校，还有的同学进入了社区大学，当然也有一小部分同学只能回国继续上学。我的好朋友 Vicky 则成功地被康奈尔大学录取。在为她感到开心的同时，我也在思考她是如何申请到这样一所优秀院校的呢？

被康奈尔大学录取是我的梦想，而我也会为之不懈努力。所以说，人生要有目标有梦想，生活才会有方向！

说到 Vicky，我立马想出一大堆可以形容她的词语：敏锐、坚持、善良等等。她做事情往往都是效率高的，并且只要是她想做的事情，她都会坚持不懈地努力完成它，无论遇到什么困难。

记得她告诉过我这样一件事情。她刚来美国的时候上的第一所学校在弗吉尼亚州。当她转入这所学校的时候，她发现这所学校没有任何体育活动、俱乐部，甚至没有给学生使用的“lockers”（柜子）。她感到非常的失望，决定转去一所真正适合她的“美式学校”。但是对于一个刚刚来美国两个星期的小女孩来说这并不是一件容易的事情，尤其是转入外洲的学校。但是她不希望自己未来后悔。于是她拜访了 17 所学校，其中包括东海岸和加州的很多高中，最终选择了一所基督教的男女混合校。她告诉我，当她看到学校先进的实验设备，明亮的教室，还有很多体育活动和大量的俱乐部时，她就决定留在这所学校。那天正好她赶上了学校的“Valentine Day Gender

Rally”（情人节集会），所有的男生都需要穿着蓝色，所有的女生都要穿粉红色，她知道这所有趣的学校非常适合她。在学校的官网上面，她也看到了很多对这所学校的好评。于是过了两个星期，她便顺利地转入到了这个学校。她告诉我，当她站在学校为篮球队加油的时候，她告诉自己听从自己的心声是一件非常重要的事情，她为自己做的努力和选择而感到自豪。

当她刚刚进入到这所学校的时候，整所学校只有她一个中国人。她对于学校的各种 program(机构）都不了解。尽管学校有一个帮助新同学的组织，但是她并不知道如何更好地利用它。后来她慢慢熟悉了校园的环境，但是当她看到很多新来的留学生的时候，她决定和几个美国朋友共同开一个俱乐部来帮助这些同学。她希望能在留学生和当地学生之间搭建一座桥梁，让这些留学生能够尽快地进入美国大家庭，也能够踊跃地参加学校的各类活动。就像是在舞会的前夕，他们会安排一个小型舞会给国际学生们讲解舞会的传统，教会他们如何面对别人邀请舞蹈，或者如何邀请别人跳舞。

在上学的过程中她发现这所学校没有给国际学生提供的语言课程。于是她建议学校能够尽快开设此类课程，但是由于学校的资金考虑，这个提议一开始没有被采纳。于是她告诉了自己在国内的父亲，并且希望他能够投资一笔资金用于学校开设语言课程。他的父亲很愉快地答应了这个要求，于是从此在这个学校就多了一门专为国际生开设的课程。

我很欣赏我的这位朋友，她能够成功申请到康奈尔大学自然有她的道理。善于发现问题并且解决问题是她的最大优点。并且她也能够坚信自己的选择，这些都是她走向成功的因素。

丽珊老师说

敢于梦想，敢于行动对于每个人来讲都很重要。Vicky始终知道什么是自己最想要的东西，并且为了达成自己的目标，她克服畏难情绪，开始了选择之旅。我们无法改变环境，无法要求环境来适应我们，那我们就来适应环境吧。这句话只说对了一半，我们并不一定要被动地适应环境，我们还可以发挥人的主观能动性，为环境的改变做出贡献，以此让环境变得更符合我们的内心需求。

临危不慌

——你要学会求助

妈妈有一年圣诞节期间来美国看我，我非常开心，提议一起去附近的outlets逛街。我们去的这个outlets在洛杉矶附近很有名气，叫作Palm Spring（棕榈泉），坐落于Desert Hill，离我住的地方大概有两个多小时车程，去的路上我们都非常悠闲享受，还不时拍摄一些路途中的美景。但是在离目的地还有些距离的时候，我们就傻眼了，“这人也忒多了吧！”离目的地越近我们越是担心，因为找车位可就成了一个麻烦事。可能也是那天 RP（人品）不够，我们在 outlets（奥特莱斯）旁边的停车场兜兜转转了三四圈，还是没能找到停车的地方。这个时候我提议说："不如去附近看看吧！"车开出停车场后，我就看见了旁边的一个加油站里边有很多空车位。这个加油站离 outlets 走路也就 4 分钟左右。我马上就玩起了"抢车位"游戏。车停稳后，我们开始了疯狂的 shopping!

在美国有一天称为"Black Friday"（黑色星期五），这一天所有的商场都会进行最大力度的打折。那 outlets 就成了折上折，在我们"海购"的时候，也碰到了很多中国人。妈妈和我原定的计划是 8 点左右离开 outlets，回到家正好洗个澡就可以睡觉了。买完东西我看着大包小包的购物袋，和妈妈说让她在 outlets 里面的麦当劳等我，我去把车开过来，妈妈也赞同。但当我来到加油站的时候，我再一次傻眼了。车呢？加油站的停车位空空如也，一辆车也没有了。"什么情况？"吃惊的同时，我赶快跑到加油站里面询问情况。"你的车已经被拖走了，因为这里不允许停车。"怪不得当时加油站的停车场没有多少车，顾不上多想，"那有什么办法我可以联系到拖车公司吗？"我在脑中仔细安排着计划，"给，这是他们的电话。"因为语言障碍，我想我可能无法在电话中详细清楚地问明情况，我把我的情况解释给了这位加油站的工作人员，并且希望他能帮我打这通电话，一抬头，我看到加油站里面有几个背着书包的年轻人在给车加油。因为这一带坐落在沙漠中间，而且加上时间已晚，我知道我得争取在"拖车公司"关门前把车取回来。这位加油站的工作人员接受了我的请求，在他给拖车公司打电

在异国求学，千万不要让自己陷入一种孤僻的状态，要试着让自己的生活五彩缤纷起来，去发现生活中不易察觉的美好，去结交朋友，去看，去听，去玩！总之，不要做个事不关己的旁观者，要行动起来！Let’s go!

话询问状况的时候，我跑出去向这几位年轻人请求帮忙。我再一次向她们解释了我的情况，希望她们能够开车带我到离这不远的拖车公司。她们对我的“遭遇”表示理解，也同意带我去拖车公司取车。这时我回到加油站，工作人员告诉了我，拖车公司联系人的电话，和拖车公司的地址，在再次确保去了就能把车取回来的时候，我的心稍微安定了一些，和他道谢后我坐上了这几位年轻人的车，她们带我去取车。

我给妈妈也拨通了电话，和她简单明了地描述了突发状况，让她在麦当劳等我 20 分钟。她们把我送到拖车公司后，我给了她们 10 美元当作报酬。告别了“好心人”后，我赶快进去这家拖车公司联络里面的负责人。这个拖车公司的负责人是一位老爷爷，他告诉我，加油站的停车场不是公共停车场，是不能够乱停的，他说我是今天晚上第十三位来取车的人，也是最后一位，因为他们即将关门。也就是说，其实还有很多人和我一样在不知情的情况下把车停错了位置，看着后面车库里面还有几十辆车，我想到今天晚上应该有很多人回不了家了。“来的人中亚洲人一定最多吧？”我脑海中突然冒出这个想法，老爷爷低头沉思，“还真的，我没有想过这个问题，但是来的人中十一个人都是亚洲人，而且他们都很谦和，只有一个美国人来取车的时候表现得很暴躁和愤怒还招来了警察。”“是啊，您知道为什么会出现这种情况吗？因为停车场车位紧张，大多数人都把车停到了附近的加油站和商店门口，但是很多地方没有明显的标示，所以大家不知道那个地方不让停车。而且很多亚洲人的英语并不好，即使有了标示，他们也不一定认得。”老爷爷眼睛一亮，“你讲得很有道理，小姑娘！我从来没有想到过这个问题，我要记录下来这个发现，明天回馈给警察局。”付完罚款，我成功地开着我的小车回去接妈妈。

妈妈看到我很激动，“你知道我有多担心你吗？”我和她自豪地讲述了我是如何冷静地把我们的重要交通工具给弄回来的惊险经历。回头想想，其实当时任何一个环节出了差错或者耽误了时间，今天我和妈妈就要在沙漠中的麦当劳和流浪汉们一起过夜了。在回家的路上，妈妈说：“这个罚款就当是交学费了吧！以后开车的时候就要注意人家的标示了。”

丽珊老师说

请各位读到这篇文章的学生朋友自问一下，在隆冬的沙漠中央的夜晚，自己的车莫名其妙地找不到了，你会怎么办？一玮告诉我她在处理这些事情的过程中没有告诉妈妈事情的原委，她坚信自己是完全可以处理好的，况且她比妈妈“更美国”一点点。在她取回车接上妈妈返程的路上跟妈妈讲整个过程时，妈妈难以掩饰自己的激动给国内的亲人们打电话，将刚刚发生的事情讲给他们……这件事情之后，妈妈更加坚信一玮在美国是完全可以照料好自己的。一个人留学在外，学会处理危机事件是一项必备的生存能力。

自己动手，装扮我们别样美好的生活

——西雅图的美丽房子

西雅图的寄宿家庭曾经带我去过一个叫作“stormy”（暴风雨）的“lodge”（森林小屋），那次小屋的居住经历给我留下很深的印象，让我明白了世界上还有这么一群人过着这样一种不一样的生活。

刚开到这个小屋附近的时候，我的眼球就被各种美景所吸引。配上住家爸爸放的20世纪70年代的美国音乐，我仿佛置身在另一个世界里。高山和湖水相应，对照出了天空的颜色，偶尔飞过的小鸟好像在宣布它才是最安逸的美国公民。来到小屋后，我真的被震撼了，异域十足的装修风格，风景优美的环境，在得知了这个“大木屋”是一位老爷爷自己建的后，我的眼睛瞪得更大了。我不停地环顾四周，这哪是个“木屋”啊？这简直就是一件艺术品！我今晚还能住在这个艺术品里面，想想我都要困啦。（太令人向往了！）

见到了这位老爷爷，更是不一样的感受。按道理来说这样一位“大工程师”架子应该是很大的，又来到了他的地盘上

这是西雅图附近的一个小山庄，老爷爷自己建造了一个木屋，并且给它取了一个名字——stormy lodge（龙卷风木屋）。

面，但是他非常谦和并极具幽默感。他向我们慢慢地讲述着在这个“木屋”发生过的趣事，还说到了前一阵子后面的山上着了一场大火，差点就把这个房子也一并烧掉了。他还告诉我们他现在又开始盖另一个木屋了，希望我们到时候也可以去那里玩。下午，这位老爷爷给我们准备了烟熏三文鱼和甜椒当午餐，在山林中间听着溪水的流动声，吃着这自然的午餐，我已经和“木屋”融为了一体，我下定决心以后一定要带爸爸妈妈来玩。傍晚的时候我们玩起了“cowboy golf”，这是传统的美国运动，很有意思。游戏大概就是随机分为两个组，一个组有一个架子，看谁的高尔夫能在远距离挂到对方的架子上面。在享受过游戏带来的乐趣以后，我们进入到了晚饭环节，晚饭的时候这位老爷爷还邀请了一位瓦匠工人一起进餐，我们聊着各种有趣的见闻，玩笑就着意大利面，还真的是别有一番滋味！晚饭结束后我们提议一起看电影，没有想到的是这位老爷爷非常崇拜中国的导演——张艺谋，他收集了张艺谋导演的所有电影，当晚我们选择看的电影是《秋菊打官司》，和一大屋子外国人待在一起看中国电影还真的是从来没有体验过的！我很激动地给大家讲述故事的背景。这时候，我非常自豪我是一个中国人。

看完电影已经不早了，我以为活动就到此结束了，但是老爷爷却提议大家一起去泡温泉。我们都觉得这意外的惊喜提议很吸引人，于是大家纷纷回房间换上泳衣。温泉池子是充气的，充完气接上一个管子放水，旁边有一个调节温度的按钮。由于山里面的晚上着实很冷，大家都迫不及待跳进温泉池子。等大家都坐定的时候，世界一下子安静了下来。浓浓的月色加上树上猫头鹰的啼叫，让我们深深地沉浸在这放松的环境中间。

接下来两天的安排也都给我带来了不一样的惊喜。我尝试着驾驶了运送木材的大车，也在山林里喂过小溪中的鱼，还帮着这位老爷爷一起设计新的木屋。这次旅行给我带来了不一般的感受，在我回到洛杉矶后也大胆地做出一个决定，因为我的父母在当地购买了一套房子，我申请由我来完成这栋房子的装修。在和父母仔细沟通完毕后，我获得了许可。开始了“装修”工作，是那次的“木屋之旅”给我带来了灵感，我决定为我的家做些什么。装修材料置办工作非常艰辛，但是每每想到这位住在西雅图山林中的老爷爷，我的动力就会变得十足。装修工作还在进展过程中，目前来说一切都还是 ok 的！

丽珊老师说

一玮在讲这个故事时特意告诉我，老爷爷请了一位瓦匠来吃饭，瓦匠说话有着比较浓重的口音，穿的衣服也不太干净，但老爷爷却让他坐到上座，和大家一起吃饭。我告诉一玮社会发展到物质极大丰富之后，人们就不会太在意彼此拥有的社会资源、社会地位和财富是否匹配，而回归到本源，就是人性的优劣。赢得尊重的最重要指标是人品，只要诚实劳动，你就会成为受人欢迎的人，就可以成为座上宾……为了获得这份尊重每个人都在检点自己的为人处事，社会自然就会净化很多。

好山好水好无聊

——如何应对寂寞

疯狂的沙滩女孩，五彩的霓虹灯，超跑的引擎声……这些是脑海中的美国。空旷的街区，早早关门的店铺，和桌上的笔记本电脑，还是回归现实吧。是的，和幻想中的美国不同，身边的同学们经常会开玩笑说："米国，真是好山好水好无聊啊！"这玩笑的背后，是一种无奈、寂寞和隐隐的悲伤。

寂寞，早已成为我们90后的一个“习惯”，而“无聊”则是我们的口头禅。网络上曾经流传这么一句话，“孤单，是一群人的狂欢。”这句话用在留学生的身上真的是再适合不过。偶尔的同学聚会带来的后果就是回家一个人会更难受，想家的念头更加强烈。有时候一个人睡觉前脑海中会浮现出来这样一个场景：在家乡市中心的街道上，小商贩们在卖各式小商品，初中生们会穿着校服蹲下挑选。远处老大爷们摆起了一个棋阵开始下围棋，身边还围着指手画脚的群众。情侣们手牵手说说笑笑的开着路人的玩笑……这些才是我最熟悉不过的情景。不一样的是，现在身边则围绕着一群和自己完全不同的人们，尽管做着许多相同的事情，但是却说着不同的语言，用着不同的方式。

我有个朋友叫小意，她是唯一一个我QQ列表中头像经常是灰色的留学生。我对她的生活非常地感兴趣和好奇，怎么会有不经常上网的留学生呢？她每天都在忙些什么？带着很

人们总是容易陷入一种焦急的状态，急着长大，急着成功，急着享受！我想，即便一如所愿的有了些建树，但这样潦草地对待生活，岂不是太暴殄天物了？

多问题，有一次我到了她的寄宿家庭找她玩。她的房间非常简单：一张床，一个台灯，一个懒人沙发和一张课桌。但是墙壁上挂满各种剪纸，角落里面放着一个小小的夏威夷吉他。聊了会儿天才发现原来她屋子里面的装饰全是她自己手工制作的，而她电脑里面放的背景音乐也是自己弹奏的。“我呀，没事的时候喜欢上国外的论坛找找活动。还喜欢自己弹唱歌曲录下来发到网上，每周日我都会去隔壁街区辅导小同学做作业。”原来小意的简单生活是这样的丰富多彩。她打开电脑里面的相册给我展示她拍的照片，有去黄石公园烧烤拍下的，有在海边的烛火晚会，有清晨花园里面的小小景色。我不禁感叹到，原来简单的生活可以这么快乐。

回到家，我联想起我们 90 后的通病——“寂寞病”，才发现我们才是病毒的来源啊。这原本是不属于我们自己的负面情绪，却被硬生生地加到了我们自己身上。平静的生活可以是无聊的，也可以是惬意的。

丽珊老师说

留学生的寂寞包括外环境寂寞和内环境寂寞。就外环境来讲，世界上能够与我们的大城市人口密度相提并论的城市估计没有几个，而像美国更是地广人稀，就算走在路上也很难遇到行人，人少本身就会让人体会到寂寞；就内环境来讲，人在异乡为异客，对当地人的语言、习俗、禁忌都不太熟悉，因为缺乏安全感而倍感寂寞。

如果你的内心不够强大，就算天天站在时代广场上，看着熙熙攘攘的人群你依然会感觉“热闹是他们的，与我无关”，浸润在寂寞之中。只要内心强大了，你才会敢于开放自己的心灵，接纳更多的人和更多的事，心灵会更加充实。于是得出结论：是否寂寞，你的心灵和行动说了算。

“一定要问两遍：你要不要？”

——中国人的内敛带来的麻烦

那是一天晚上我和寄宿家庭一起吃晚饭的时候，晚上“妈妈”为大家准备了越南的食物pho，她于是问我：“Eva，你要不要吃？”我当时并不是特别的饿，“不用了，谢谢。”“Eva，你要不要吃？”她一连问了我五遍。我当时觉得很好玩也很奇怪。“哈哈，Eva，我和你开了个玩笑。我之所以这么问你是因为我今天参加了学校寄宿家庭的会议。”寄宿家庭经常和我开各种玩笑，“开会的时候他们告诉各个寄宿家庭，问中国学生问题一定要问两遍。”我哈哈一笑，仔细想了想，也确实这样。

很多时候中国同学都非常的害羞，有的时候去美国家庭做客的时候，别人问道：“你喝点什么？”中国同学都会表示不好意思，并且回答“不用了”，但是其实有的时候同学已经感到十分口渴却又不好意思接受，觉得这是给别人带来了麻烦。但

挥杆果岭的一刻，望向天际，仿佛心也跟着飘了起来！都说高尔夫是绅士的运动，我总觉得太官方了，我认为那是与“心灵”有关的运动，如般若的禅修一般，让人内心平静！

是正常的美国人在遇到这种情况的时候，都会根据自己的情况来决定需要与否，“好的，谢谢！”好像美国人比中国人更“好意思”接受。

在国内这种情况也时常发生，我的一个好朋友就发生过这样一件令人忍俊不禁的“尴尬事”。有一次她去一个远房亲戚家做客，热情的亲戚准备了一桌的美味来表示“欢迎”，而其中就有一个菜是清炒菠菜，我的这位朋友非常的讨厌菠菜，但是碍于情面却又不好意思说出来。可笑的是她的这位“热情亲戚”不断地给她夹菠菜，还告诉她，多吃点菠菜对身体特别好！我的朋友看到面前这一大盘菠菜恨不得钻到地底下，但是一直放在那里好像又是对亲戚的不尊重，于是她想还是赶快把这一大盘可恶的菠菜消灭掉吧。但是就因为这样，这位亲戚觉得她十分喜欢吃菠菜，于是一直不停地给她夹。夹了吃，吃了夹。最后那一大盘菠菜基本上都是被我的朋友消灭掉的。

我这可怜的朋友最后脸都快要被吃“绿”了，终究也没好意思说出那一个“不”字。问题就出在这个“不好意思”上。不好意思找人要水喝，不好意思拒绝别人夹的饭菜。不好意思这，不好意思那，最后反而是自己吃了苦果。这时我们就会在心底暗想：这是何必呢？是啊，何必呢？但是仔细想想其实这是每时每刻都在发生的事情。

这个问题还可以从“旅游”看出来。中国的旅游团大多是一条流水线，人们跟着导游去这去哪，缺乏自己的主动性。而在美国，游客们十分善于提出自己的意见和需求，并没有因为“不好意思”，或者“怕给别人增添麻烦”而牺牲了自身的需求。就像美国人非常爱开 Party，动不动就在周末叫上一大堆朋友来家里开各种派对。我想这要放在中国人家里肯定觉得，哎呀这可太麻烦了。我得顾及这个人有没有吃好，顾及那个人的杯中还有没有饮料，还不够累的呢！但是之所以美国人能够时常开这样的派对，就是因为每个人都会“诚实”表达出自己的意见，也就是说大家都不用被“悉心照料”着。

对待这不同的“喝水吃饭”文化，还有面对着我们这种“不必要的礼貌”，我想我们如若愿意明确地说出自己的需求，可能也会生活得更自由一些。

丽珊老师说

造成这个问题的原因是我们骨子里的“礼貌”“隐忍”“顾全大局”，我们不想因为自己的诉求而给别人添麻烦。但这种礼貌不但没有给别人带来快感和幸福，反而让与我们相处的人心累，总是要猜我们到底是什么样的想法。这个问题如果往更深层次去探究则是我们内心缺乏安全感，妄自菲薄，觉得自己没有资格提出要求。开放一些，将自己的合理要求讲出来会让别人也变得轻松了，不用再猜了。

洛杉矶的寄宿家庭中有三个孩子，十分可爱，寄宿家庭的爸爸妈妈也十分和蔼与亲切。不得不说，人的一生都是偶然，你会遇到什么样的人，谁会陪你走过一段又一段的旅程，都是未知的，然而我们能做的就是感激那些陪伴我们成长的亲人与朋友，谢谢他们让你的人生如此精彩！

第四章

了解美国人的生活方式

教堂里的歌声

——形式很狂热，内心很虔诚

第一次随着住家爸爸来到教堂着实是吓了一跳，说吓了一跳，倒不如说是大吃一惊。原因呢就是这里的一切与我幻想中的和在电视上看到过的教堂差别太大。还没看到教堂的真身，已然传入耳中的却是震撼的摇滚乐。不知道的真以为去了酒吧、音乐厅这样的场所。

在我犹犹豫豫地走进教堂的时候，我的住家爸爸已经完全融入到了教堂的热情气氛中。大厅里男女老少都随着强烈的音乐扭动着身体，挥舞着手臂。在大厅的中央是一个黑白的十字架，旁边是一支简易的乐队，每个成员都是在非常忘情地演奏。太阳光透过教堂的彩色玻璃照到人们的脸上，我看到的是满足和安逸。牧师也在舞台上随着音乐扭动身躯，不时仰望天空，仿佛看到上帝在安详地看着祈祷的人们。在几首曲子中间还会穿插一些牧师的祷告。音乐和灯光会突然暗下来，紧接着你会看到有的人缓缓跪下，或者把手举到空中，仿佛在接受一个无形的礼物，每个人都是庄严的、肃穆的。

回到家中与住家爸爸探讨这次奇妙旅程。我怎么也不能把今天发生的一切和教堂二字联系到一起。住家爸爸告诉我这很正常，很多西班牙文化的教堂都是非常开放的，但是在对待信仰这一方面，大家都非常认真，每年教堂也会收到大量捐款。这次颠覆的旅程让我在留美途中又学习到了不一样的文化。

丽珊老师说

一玮的这篇文章对我也很颠覆，我马上向她求证，"西班牙的教堂真的能这样吗？"她坚定地告诉我："是的！""那在美国的或亚洲的教堂里可以吗？"她说那些教堂会严肃一些。于是我又有了一个新的担忧："如果初来乍到的人，不懂习俗，最先看到了西班牙教堂，误认为教堂都可以比较狂野，一旦再到那些严肃教堂里会不会'露怯'了？"一玮告诉我，所有的教堂外面都能看出是哪里的教堂，并且有引导者给大家讲解，只要抱持着虔诚之心，保持聆听就不会冒犯。到美国去教堂，一定弄明白是哪里的教堂哟！

“走过路过不要错过！”你现在看见的我俨然是个热血青年，因为我和姐姐们要一起卖旧物，再将赚到的钱捐给需要帮助的人！

Yard Sale 家门口摆小摊

——Yard Sale 不仅卖出了东西，更收获了爱意

“又要去海地了吗？”这位充满着青春气息的年轻姐姐是我在教堂认识的好朋友。她和老公每隔一段时间都要进行一次“Yard Sale”，我把它“亲切”地称呼为“清仓大甩卖”。“是啊，这次我们存储了更多东西，一定能卖个好价钱！”

所谓的“清仓大甩卖”其实是美国一项很传统的家庭式贩卖，每位家庭成员都会提供自己不用的旧物，标上一个相对便宜合理的价格卖给附近的邻居。而“清仓大甩卖”也往往能收获很多惊喜，不仅能和邻居认识，而且还可能成为朋友，更能

收获一笔自由基金。有的家庭用甩卖款捐赠给更需要他们的人，有的家庭用它进行一场短途旅行，有的家庭会因此增添很多新物品。

“清仓大甩卖”也可以称之为一次“快乐大扫除”，在“卖东西”的前一天，家庭成员会努力地收拾出很多旧物，归置干净，标上自己心中的价格。美美地睡一觉后，等着第二天的大丰收。一般的家庭都会在附近的街区贴上“卖东西”的标志，然后用箭头指示方向引导路人来选购。“清仓大甩卖”卖的东西范围很广，大到摩托车、游艇，小到发卡、笔记本……而购买者也会以超低的价格淘到自己心仪的物品，甚至会买到古董也说不定。

那个姐姐的 Yard Sale 已经是他们为海地进行的第四次卖旧物活动，而这次也收获到了六百多美元，加上前一次卖的旧物，又可以为海地的穷人们捐出两千多美元。

对于这种健康有意义的活动我一向是无比支持的，在暑假回国之前我也和身边的同学筹集了几箱子的旧衣物，准备在下次寄宿家庭的 Yard Sale 上摆个自己的摊位。无论最后能卖得多少钱，我想最重要的是，我收获到了一些生活的智慧。

丽珊老师说

我问一玮，那位要将家中不用的物品卖掉的姐姐，在推销时会不会拉起横幅“为海地人民义卖”，让买家感觉到自己不仅是买旧东西，更是献爱心给海地人民，以此来赢得购买者的善心，比如多买一些，或愿意付出更高的价钱？一玮告诉我，美国人做事很简单，她只是通过 Yard Sale 来卖自己不需要的物品，至于收获的金钱用于做什么是她个人的事情，不需要告诉给购买者。

曾几何时，某品牌的矿泉水“买一瓶水就是捐给贫困地区一分钱”，这好像在提醒消费者，你买我的水说明你有爱心，这种被绑架的感觉会让一些人拒绝购买。慈善不是喊出来的，而是默默做出来的。慈善对于美国人来讲是一件生活中的小事情，对于我们是惊天动地以求足够曝光率的事情，这或许就是差异。那么慈善外衣里面的一定是悲悯之心吗？简单地做事情，简单地做人多好！

真的有免费的下午茶

——以自己最美好的状态示人，哪怕是免费的

这个世界根本就没有免费的午餐。我在国内有太多这样的购物经历，明明写着“买一送一”，但拿到后会发现买的这个“一”是经过提价的，而送的“一”却是要不质量有问题，要不快到保质期……总之，再一次印证，天上是不会掉馅饼的。于是在商场或逛街的时候，对促销没有任何的兴趣，更愿意拿原价的商品，免得因贪便宜而误入商家的圈套。

来到美国后，我经历了一次非凡的体验。那是一次叫做

不要总是抱有守株待兔的想法，生活永远像个顽皮的孩子，你必须学会用足够的耐心去与它相处，然后，它会给你带来无限的快乐！

Dine LA 的活动，也就是平时价格非常昂贵的餐厅变成了平价餐厅，在参加这个活动之前，我就言之凿凿地和朋友开着玩笑说："不要点太多刺参之类生的食物吃，一定是快过期的！"可以看出，我对这次的"美食"之旅并没有报以信心。

我们来到了一家装修奢华的意大利餐厅，从餐厅的装修就能看出菜品的价格也一定是非常昂贵的。我们打开了菜单，果然不一般，普通的牛排都要一百美元左右的高价，但是当我们翻开此次活动的特殊菜单，却发现原来只要二十美元就可以享受平时一百美元的牛排。"哎呀，我看我们吃完还是去麦当劳吃一顿吧！"我想象着这样的打折力度一定和一会儿上来的牛排的大小成反比。当我们一行人准备享用这"奢华迷你牛排"时，服务生热情地端上了食物，占了半个盘子那么大的牛排，还有周围点缀的土豆泥和花椰菜映入我们的眼帘。我们都非常吃惊，因为在我们的脑海里面，打折就意味着降低质量，却没有想到会给我们端上如此大份量的巨无霸。“先别急着吃，味道不一定会好呢！”我还是满心的猜测，因为以如此之低的价格买到这么大份量的牛排实在是太让人怀疑了。我用刀切开了牛排，只能用鲜嫩多汁来形容，放到嘴里更是非同凡响，不仅食材非常的新鲜，而且烹饪手法也不一般。“天哪，真的是太好吃了！”我们在开心的同时也不禁陷入了深深的思考。是啊，在为老百姓提供了福利的同时，又不减低质量，这是多值得称赞的一件事情。这样不仅吸引更多人来品尝餐厅的美食，更因此为餐厅赢得了良好的口碑。

类似这样的事情你还可以在美国的大街小巷中不断发现，许多超市都会定期地提供免费送食物或者饮料的活动，许多商店也会有免费送衣服的活动。很多时候只要你愿意“收集情报”，那么“捡便宜”这件事真的不是说笑。“免费”虽好，可不要贪心哦！商家和买家如果达成这样一种良好的信赖关系，我想我们的生活质量也一定会逐渐提高。

丽珊老师说

文明社会的人与人之间的关系是“互赖”，这个“赖”既包括相互信赖，又包括相互依赖。老版的《编辑部的故事》主题曲“世界很小是个家庭”已经唱了二十多年，但我们是不是可以真正地信赖、依赖身边的人呢？

"山上的小别墅像个笑脸不是么?"

——美国人是这样安慰人的

在美国的校园中经常会开展各式各类的活动，而活动的方式也是丰富多彩的。去年年底我就赶上了这样一个“旅游周”。在这个活动中，同学们可以根据自己的兴趣科目选择游玩的方式和地点，可供选择的有：历史、地理、科学、文化、生物等等。由于那个阶段我的学习压力很大，再加上和朋友之间相处得不是很愉快，心情一直处于谷底。我选择了“生物”项目，这个项目是带同学们游览橘郡附近的各种海岛。

我们坐了大概半个小时的船来到了一个名为 Catelina 的岛屿，在还没上岸的时候我就已经决定这次要单独行动，这样既可以给自己一些独处的时间，又不会让自己的负能量影响身边的同学。快到中午时，我买了一个三明治坐在了一个小码头旁边，望着远处的小山和嬉戏的游客，心情更加落寞。我一边思考着自己的归属感，一边想念着祖国的亲朋好友。这时有两只毛茸茸的大狗来到了我的身边，牵着它们的是一位看上去有六七十岁的老爷爷。“Hey! 今天的天气真的是不错！”他主动

世界上不缺乏美，只是缺乏发现美的眼睛！做一个观察者，让你站在自己面前观察自己，粉粹自己，获得重生！

与我打招呼，我回应了他的微笑。“哇！快看！那两个别墅是耳朵，那条小路是一个微笑的嘴巴，那个塔一样的建筑是他的触角！看过绿巨人么？那就是啦，就在你的眼前！”顺着他手指描述的方向，我的面前出现了一张绿巨人的脸。一瞬间，我的心情好了很多。

望着身边的美景，我心里想：我应该珍惜此时此刻才是呀！这么干净的空气，明媚的阳光，可爱的大狗狗，和蔼的老爷爷。这一切的一切，都是上帝赐给我的礼物。老爷爷在离开码头的时候还送了我一袋鱼食，在喂鱼的同时我想到之前在寄宿家庭也遇到过不开心的事情，但是从来没有人会立即问我原因，而是用他们自己的方式，或是讲笑话，也或是安排周末的活动，来缓解气氛逗我开心。

面对着这些有心的关爱时，我能做的就是倒空自己杯中的水，换上一个好心情。这种不一样的爱的方式，让我感动和温暖。我从中也学会了如何安慰他人，有的时候也许你需要提供的只是温暖的胸怀，或者一个开心的小笑话。

丽珊老师说

对于陌生人，我不知道在国内的公园里，一位长者看到一个惆怅的女孩会不会凑过去说“今天是个好天气”？我也不知道一位心烦意乱的女孩，看到两条大狗靠近自己，会不会对牵狗长者的搭讪给予积极的回应？我们有太多的戒备心、防范心，我们很难表达和解读“善意”。

对于我们亲近的人出现情绪波动，我们会自然而然地说：“你有什么不开心，跟我说说吧！”却忽略掉一个关键的问题，我们的善意本身又给对方施加了新的压力。因为对方完全可能是因为绝对隐私的事情而苦恼，不说出来好像是拒绝善意，而说出来又会产生新的不安。

如果周围人不开心，我们只需要把正能量给他就够了，不需要挖掘他负能量的来源，因为你不是心理治疗师。

AA 制带来的内心自由

——你完全没有必要替大家买单

我有这么一位中国朋友，叫作 Jane，她是一个南方女孩却有着北方人的性格。热情大方是她的特色，请客吃饭也是她交友的一种方式。印象很深的是有一次我们几个朋友一起去海边吃大餐，因为刚刚结束了一次大考，朋友们都非常放松，所以决定“犒劳”一下自己，朋友几个顺便聚一下谈谈心。既是在海边，又是吃大餐，那这顿饭的价格自然不菲。就当大家准备买单的时候，Jane 拿出了名牌钱包从里面抽出一沓美元，“今天我请客！”有的同学感到高兴因为可以为自己省点钱就没说什么，也有的同学觉得不好意思就提议一起买单，但是都被拒绝。“说了我请客了！”Jane 好像主意非常坚定，同学们也就有些尴尬地把钱包放了回去。像这样的事情还发生过几次，每次都是 Jane 在大餐之后，掏出几百美元请大家吃饭。但是时间一长，许多同学自然心里打起了鼓。老让人家请客怎么好意思？所以有的时候也会在必要的时候掏出钱包为大家买单。这样一来一去，国外盛行的 AA 制似乎就在我们这里不复存在了。每次都得有个“冤大头”来买所有人的单。家庭条件

"民主、自由、平等"的美国精神，是根深蒂固到人们思想中的，相比"打肿脸充胖子"的窘困，AA制让每个人都自由起来！

稍好的同学还凑和，不会去特别计较这件事情。但是也有家庭条件相对一般的同学参与到了这个"买单团体"，但是这一次就是几百美元的高昂买单费用可是自己的生活费啊，那像这种情况的同学一般就会在余下来的日子里勒紧裤腰带，省钱过日子了。

这让我想起了我在迪士尼一家餐厅里的"买单"经历。那次是我在西雅图的寄宿家庭来洛杉矶看我，中国从古到今都流传着一个词语叫作"地主之谊"，那我想寄宿家庭既然飞了这么远来看我，而且又是专程过来的，我必须要尽一下"地主之谊”了。在和妈妈商量以后，我决定那天晚上无论他们选择什么样的餐厅，这顿饭都由我来买单。最后他们选择了一家相对高档的餐厅用餐，大概人均五十美元左右。在买单的时候，我掏出了钱包告诉他们这顿饭我请客。寄宿家庭的 Bill 爸爸首先表现出来的是诧异的表情，继而问我，“你确定吗？你真的要这样做吗？”我点了点头，回答说是的。“其实你不必这样做的。但是谢谢你！”最后这顿饭还是由我买的单。事情就这样过去了，在后来的一年内，我去西雅图拜访他们的时候，一天晚上他们带我去了当地一个比较高档的餐厅吃晚饭，晚饭结束后寄宿家庭爸爸告诉我说，今天他们请我，因为他们很不好意思当时我在洛杉矶为他们所有人买单。

我万万没有想到，自己先前的“好意”会给别人造成如此巨大的困扰，甚至让别人觉得自己欠了我一份人情。AA 制，讲究的是自由和民主，美国也是一个呼吁自由的国家。是啊，来到了这个国家，我们也应该入乡随俗，去享受 AA 制所带来的自由才是。

丽珊老师说

在一个崇尚 AA 制的环境中，不顾别人的感受而替大家买单看似豪爽，其实是一种“绑架民意”。中国古代就有“君子之交淡如水”的提法，因为君子不看重物质，而更希望通过交流获得精神上的滋养；淡如水的交往让双方都体会到轻松，没有负担，友情才会长久。

“多喝点冰水就好了”

——生病了才知道中国同学的可贵

留学生出门在外最怕的事情就是生病，但是有时候真的是怕什么来什么，夏天的时候我“光荣”的成为了一名小病号。

记得那是下午第五节课，距离放学还有一个课时，在举手想要回答问题的时候，却突然发现自己说不出来话了。于是我去外面喝了点自饮水，嗓子却并没有好转，我在心里暗暗着急，知道自己又得上老毛病“扁桃体炎”。放学后回到家里，我一直没有说话，只是一头栽进枕头，泪湿了双颊。脑子里闪现的全都是每次生病，妈妈焦虑地守护在身边和曾经发烧时，妈妈不停地换着额上毛巾的画面。第一次在异国他乡生病，第一次哭得这样难过，觉得自己只是一个小孩子，所有的委屈，所有的无助，随着生病全都倾泄出来。我想这一刻也是每一个在国外留学的孩子都曾感受过的。而事后我却觉得，这是一次经历但也是财富，为我的坚强逐步打下基础。

哭着哭着就睡着了，在快吃晚饭的时候，住家妈妈敲开房门，看见了脆弱的我并且询问了病情。没过一会，她端来了一杯冰水，并且告诉我说：“Eva，多喝点冰水你的病就好了！”

我所提倡的“融合”，也不能急于求成。很多时候保持自己的习惯也未必不是件好事，有句话说得好：“最合适的就是最好的！”

我在感到荒谬的同时，也乖乖喝下了那杯冰水，暗示性地告诉自己，可能外国人有什么特殊的治病方式吧。在那天晚饭后，我又喝了几杯冰水。结果第二天早上醒来的时候，我的嗓子疼痛不已，而且一句话也说不出来，只能和学校请假在家休息，然后去超市临时买了些药吃。此时我深刻地感受到住家妈妈仅仅是住家妈妈，因为生病我觉得我的心和她有了一些距离。

另外一次我生病，情况却有些不同。记得那次烧得迷迷糊糊的我只能裹个被子在床上暗自流泪想家。我的室友这时推门进来借东西，碰巧看到了生病的我。她立马给我拿过来了自己从老家带来的退烧药和消炎药。在看着我把药吃完后，她告诉了我的另一个室友我生病的事情。她们两个跑到了一家中餐馆给我打包了一碗皮蛋瘦肉粥，那时的我流出的眼泪已经不再是想家和痛苦，而是感动和温暖。她们知道我最喜欢吃的食物就是鸡蛋羹，还特意为我去厨房里面煮了热乎乎的鸡蛋羹。那次生病的经历让我和这两位室友的感情更深了。

这件事过去很久后，我想，每种方式都是好的，但是一定要找到最适合自己的。就像嗓子疼喝冰水，对于从小到大喝热汤和茶水的我来说，那并不是最好的方式。反倒是我贴心的室友们的“鸡蛋羹”让我更快地从病痛中走了出来。我想更多的时候我们还是要根据自己的体质来选择，而最最重要的是在未来的道路上，面对着中美文化的差异，我们能够找到最合适自己的方向；在面对困境的时候，我们坚强地做出最明智的选择。

丽珊老师说

在北欧旅游时，我儿子不慎划伤了腿，看着血慢慢从皮肤下渗出来，我既心疼又紧张。到了医院，医生动作很专业，单腿跪在地上用生理盐水给躺在诊床上的儿子清洗，确认骨头安好，告诉我们可以走了，没有开药……欧美人对疾病的态度是很理性的，如果认为没有必要则不会用药。但我们从小就习惯了大把大把吃药的体质是否伤得起呢？这是一个十分严肃的问题，包括生理因素、文化元素和人生态度等诸多方面。住家妈妈的行为提醒我们：“己所不欲勿施于人，己所欲也勿施于人。”我们给予别人的关怀要明确对方需要什么，并且需要什么样的方式。

美丽的 & 无聊的灯
——其实快乐真的很简单

每年圣诞节在海边都会有一个自发的“灯展”，说是灯展，其实是海边的居民用灯装饰自己的房子，然后评选出一个最漂亮的房子。但是这个“民间灯展”规模越来越大，很多附近的居民也都会驾车过来参观，于是形成了这一带的小传统，每到圣诞节大家吃完晚饭都会去看看这些被灯装饰过的房子。

有一年圣诞节我的爸爸妈妈来看我，我们吃完晚饭以后，和寄宿家庭一起开车来到海边参观这些房子。一路上，寄宿家庭的“爸爸妈妈”显得异常兴奋，手舞足蹈地评论着每一栋被灯装饰过的房子，“瞧啊，那边的房顶上有个驯鹿的头！”“快看！那些灯组成了一个圣诞老人的头像！”相比之下，我的爸爸妈妈则显得有些扫兴。“外国人的品味和咱们还真的不太一样啊！我真的不知道这些灯有什么看头。”爸爸显然觉得这个外国寄宿家庭有些小题大作。“不就是些灯嘛！”吃过大餐、见过大世面的爸爸觉得这些都太小意思了。

回到家，我想由于文化背景的不同，我们看到的和体会到的东西都不一样，对于幸福的追求也有所不同。寄宿家庭的爸爸妈

妈相比较我的父母显得更容易满足，更容易从一些细小的东西上面体味幸福。但是我想，每年过年爸爸妈妈都在忙碌中度过，准备礼品，探亲戚，哪还有精力去仔细欣赏街边的霓虹灯呢？

从看灯的事情使我联想起了中美旅游团的不一样。记得小的时候在国内和妈妈去过很多地方。云南、四川等等。但是每次我们旅游就像打仗似的，东赶西赶，走马观花，往往一场旅行下来，带回家的只有给亲戚朋友的大小纪念品和深深的疲惫。现在让我回想当时旅行的情景和景点，我甚至无法回忆出来。我觉得非常的可惜，因为这些时光并没有留给我什么，反倒变成后来越来越怕节假日出去旅游，倒是和西雅图寄宿家庭去旅游的一次经历让我重新对旅游产生了兴趣。他们一家三口加上我四个人，一起开着一辆小吉普就开始了我们的旅程，我只知道目的地是一个小岛。我们也并没有制作什么旅游线路和计划，准备开到哪玩到哪。一路上我们说说笑笑，说起各自生活中发生的有趣的事情。如果天气晴朗，我们就会去海边游泳。如果感到有些疲惫，我们就从超市买一些水果和小吃，带上一块桌布，在海边的草坪上一坐就是一下午。早上也没有规定大家几点起床，等到大家差不多都起来了，就会坐在一起商讨去哪里玩，或者想玩什么。一路上，我所感受到的都是自由和惬意。我们拍了很多照片，但大多数都不是关乎风景，而是记录我们发生过的点点滴滴的小事，比如我躺在草地上，或者寄宿家庭的小妹妹光着脚跑来跑去等等。

但是旅行结束我们回到家里，感到的是满满的收获。大家一起欣赏照片，回忆着一路上发生的各种搞笑事件。就如人们说的那般，许多时候我们缺少的只是一双发现美的眼睛。这种悠闲、惬意的生活方式我觉得也是美国人对于生活的一种态度。我很高兴我在慢慢接纳和学会这种方式，我想在下一次放假的时候，也带上我的家人朋友来上这么一场欢乐的“自驾游”。

丽珊老师说

从儿子很小的时候，我就意识到要带他旅游。我们经历了太多的走马观花，老公不停地将我放进风景里照下来，希望将来老了的时候翻看着相片，回忆着过往……而儿子往往不太配合，他总是在附近走一走，看一看，有时用手机拍一拍风景。多少年过去了。每当在电视或书籍中看到相关的事情，儿子都会说出当年他看到的景象，“你忘记了吗？”每当儿子问我时，我都哑然，心想快去翻翻我的照片……我们这一代人经历着社会转型，从“大鱼吃小鱼”到“快鱼吃慢鱼”，我们一路往前赶，却忽略了沿途的风景。儿子反哺给我新的生活态度，慢慢地欣赏周边的风景。

“快换掉，这是不快乐的歌曲。”

——阿根廷爸爸对我音乐的指责

从小我对于音乐就有着狂热的喜爱，从小时候开始弹钢琴跳舞，加入合唱团，到长大后洗澡的时候也需要放上点曲子，音乐已经不知不觉贯穿了我日常的生活。平时喜欢听的歌曲类型很广，从钢琴曲爵士乐，到流行音乐摇滚，每个领域我都会去尝试。从邓丽君的《小城故事》到周杰伦的《牛仔很忙》，我也都会哼唱几句。

记得有一次开车陪我住家爸爸去超市的路上，我在车里放起了临走时同学送我的自己刻录的专辑，里面都是中文歌曲。住家爸爸在切了几首歌曲后，疑惑地对我说：“Eva，你平时听的音乐都这么悲伤么？”一语惊醒梦中人，我从来未曾想过这些在中国无论是超市还是餐厅里都在循环播放的歌曲，在别的国家的人耳里听到的竟然是很悲伤的歌曲。这才回想起，其实忘记从什么时候开始，在国内大街小巷听到的流行歌大多数都是以爱情为主，歌词也很多关于怎么失去爱人，怎么为爱人心碎，很多歌曲都是以悲伤为基调。住家爸爸说，下次要送我一张充满正能量的光碟，希望我在开车的路上也要有个好心情。

有一天和我几个朋友出去吃晚饭，在去餐厅的路上我放了住家爸爸送我的“正能量”光碟，我的朋友们意见很大。“换歌换歌！”“什么玩意儿啊！ Eva，我们要听中文歌。”这个时候坐在副驾驶的同学就用数据线连上了她的手机，开始放起悲伤的中国情歌。车里一下安静了不少，我从后视镜看到一个女生开始向窗外望去，伤感的歌词和深深的夜色相互呼应，更加衬显出了这群还在花季就离开家乡的留学生们心底的一丝悲哀。“不行不行还是听我的歌吧！”我感到了车里气氛的变化，在我的执意要求下，我又换上了充满异域风采和正能量的光碟。车里的气氛再次产生变化，在欢快的旋律和强烈的节奏下，车里的“悲伤情绪”好像变得没有地方搁置。再多的伤感也就好像变成了矫情。我跟着欢快的节奏哼唱了起来，因为不会歌词，反倒是显得有些搞笑。终于，我们这个“欢乐大篷车”没有因为悲伤情歌而变成“情伤巴士”。

是啊。音乐的魔力就是巨大的。开心的音乐给人带来能量，悲伤的情感容易带人走向悲伤。对比起现在流行的中国音乐，美国的流行音乐还是大多数以搞笑、励志这种轻松的路线为主。音乐对于我来说真的很重要，听快乐的歌曲，欢乐地过每一秒，让我在留美途中不免多了几分惬意。

丽珊老师说

音乐与人的心灵是相通的。最近几年心理界流行起“音乐疗法”，就是通过音乐将正能量传递，消除掉人内心的负能量。

20世纪80年代我们耳熟能详了邓丽君的歌曲，当时被称为“靡靡之音”，带领大家由全然不在意自己内心感受的状态进入审视自己的内心和情感需求的状态。三十年过去了，当年的靡靡之音真的不算什么了，完全小巫见大巫。看看现在的流行乐坛，绝大多数都是如泣如诉着爱情和失恋。爱情是人生重要组成部分，但绝不是全部。让我们的身边充满积极、进取的音乐吧，那样你会做得更好！

“能被你打一下脑袋应该是天意吧”

——环球影城拍印度人脑袋

好莱坞环球影城坐落于洛杉矶市区西北郊，是许多游客游玩参观必去的景点之一。环球影城是好莱坞最吸引人的去处，这里你可以参观电影的制作过程，回顾经典影片片断，而且在影城内还有许多游乐项目，如过山车、急流勇进等等。可以说，这是一个老少皆宜的场所，无论是年龄的不同还是工作领域的不同，大家都可以在这里找到想玩的、想观赏的项目。

我第一次和朋友去环球影城就被各种大型游乐设施所吸引。我提议先去坐过山车，于是我们一行人开始排队准备挑战这个刺激的项目。但是我突然发现手中的挎包没存。出于安全考虑乘坐这个项目是需要把随身物品寄存起来的。我赶快跑到行李寄存处把东西安放好，在回去的路上突然发现我的朋友在前面大摇大摆地走着。卷头发，蓝 T 恤，牛仔裤。他怎么不在原地排队跑下来闲逛了？我三步并作两步冲了上去照着他脑袋重重地拍了一巴掌。“Ouch!”卷发兄弟回过头来吓了我一跳。大大的、深邃的眼睛，高挺的鼻梁。认错人了！我心想：不好，刚才下手不轻。可是这两个人从后面看明明是一模一样嘛！容不得多想，我连忙开始道歉。“哈哈哈，能被你打一下脑袋应该是天意吧！”他竟然大笑了起来，“High five!”（击掌！）他高高地举起手和我击了一掌，并没有一丝生气的样子。“祝你今天过得开心哦！”他和我挥手告别。

我迷迷糊糊地回到排过山车的队伍，从后面看我的朋友和刚才那个卷发兄弟真是一模一样。我向朋友们讲述了刚才发生的事情，一个杭州女生的一句话让我思考许久：“哎呀，得亏是在这边呀。要是在中国，你早就被臭扁一顿咯！”哈哈哈，我心想，臭扁倒是不会吧，但难免会挨一通白眼。

这可真的一点都不夸张，我想起之前在国内打电话的经历。拨号码拨错真的是常常发生的事情，有的时候我打错了号码，对方会非常愤怒，“你找错人了！”“砰”的就是一声挂电话的声音，更有甚者接起电话就开始骂人。反之亦然，有时身边的朋友接到陌生人的错误来电，也不耐烦地挂掉，“打错了打错了！”在美国这样的情况却不经常发生。一般人接到陌生人的错误来电，都会温柔地告诉电话那头，他们拨打了错误的号码。还会加上一句“Have a good day!”（希望你今天过得愉快！）这个时候无论是打错电话的人或者是接到错误电话的人，都不会因为这一件小事而感到气愤，影响到自己一天的情绪。不同的对待错误电话的处理方式让我在反思为什么我们接到错误电话的时候会那么愤怒。

在环球影城中碰到的这个卷发兄弟幽默愉快的处理方式真的为我的环球影城之旅添加了不一样的一笔。我也学会了如何在尴尬的处境中，用幽默去化解“麻烦”。

丽珊老师说

能够接纳、宽容别人错误的人是自信的、内在幸福的人，他人生的前提假设是：世界上都是好人，能够相遇就是缘分，所以要珍惜！不能接纳、宽容别人错误的人是自卑的、内在焦虑紧张的人，他的前提假设是：我就是倒霉的人，总会有人找我麻烦、欺负我、害我……看到吗？无论是哪个国家的人，只要内心强大，都会很 Nice。

“小猴子”

——人小鬼大的小弟弟

提到小猴子，我的心头涌上一股暖流。我最最亲爱的小猴子，小精灵，其实是我寄宿家庭最小的儿子。最初认识他的时

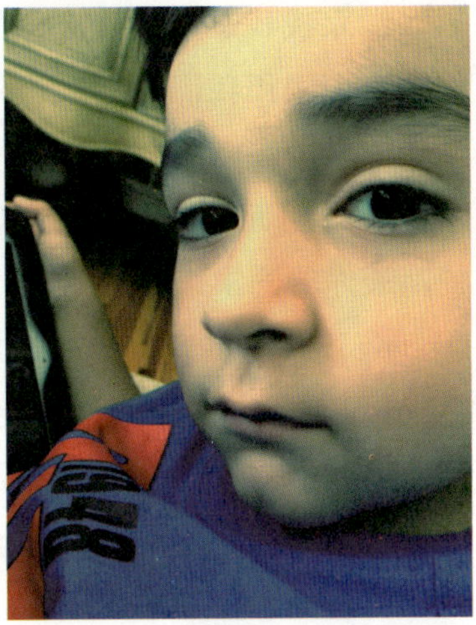

Hello！我是小猴子，看我这蜡笔小新般的浓眉毛，以及这销魂的眼神，不要太迷恋哥哦！

候，他还不怎么会讲话，如今已经成长为一个小大人，更为贴切的比喻应该是：一个小小外形里装着的却是大人的心。

我刚到寄宿家庭时，他还不到 3 岁，那天他在沙发上看电视，看到他可爱的面孔我忍不住亲了他一口。他抬头看了看我问道："你是我的老婆吗？"我非常吃惊他的问题，就调侃地跟他说："是啊，我是你的老婆。"我当做笑话讲给住家妈妈，她说在孩子很小的时候每天哄他睡觉时都会亲亲他，并且告诉他"未来你的老婆也会像妈妈一样亲你"。我无意中的亲吻让小猴子一下子联想到妈妈所说的老婆。

小猴子后来和父母去了阿根廷，我再次见到小猴子已经是一年后，他长高了不少，成为了一名幼儿园学生，4 岁的他比同龄人要矮一点点，一头卷卷的褐色长发显得他格外可爱。起初他还有些羞涩，扭扭捏捏地不愿意和我说话，但是过了两三天后，我们的关系又跟从前一样亲密无间了。有一天我的一个男同学来找我拿复习资料，我们一起走出屋子看到了小猴子，他等在那里和我们告别。“一会儿见，小猴子。”小猴子是我给他起的中国名字。过了几天，住家妈妈神秘兮兮地把我拉到了一个屋子里面，“Eva，我要给你讲一件有趣的事情。还记得前两天你的同学来我们家么。小猴子看到了你和一个男生在一起。你们走后，他晚上吃饭的时候叹气说，‘Eva 不再是我的老婆了’。”我听完后既震惊又哭笑不得，震惊的是因为我没有想到他那么小的脑袋里面竟然装了那么多成熟的想法，哭笑不得的是我当时的一句调侃却在他的脑海里留下如此深刻的印象。

可爱的小猴子，一个多么有灵性的小天使。他不仅幽默，惹人喜欢，而且有着非常良好的生活习惯。记得一次我叫他去花园玩，他却告诉我说：“等等我，我要把这些乐高积木先放到盒子里面。”这一个个小小的细节都让我叹为观止，是怎么样的环境和教育能让小小的他有着这样出色的表现和行为习惯呢？

我是多么期待看到他一天天成熟长大，我相信在他儿时的记忆中永远会存留这么一位“长着黑头发的老婆”。

丽珊老师说

一玮讲这个故事给我时，我一边笑，一边对一玮千叮咛万嘱咐，不要再和小猴子说老婆的事情了。小猴子的母亲在他很小的时候每天哄他睡觉时会亲亲他，告诉他“未来你的老婆也会像妈妈一样亲你”。其实是对孩子进行性教育，只有妈妈和老婆才能这样亲吻他。一玮的亲吻让小猴子一下子联想到妈妈所说的老婆。老婆作为一个线索让他不断搜集信息，朦胧地知道了含义。当一玮的男同学出现时，小猴子感觉到自己地位的岌岌可危。成年人和孩子开玩笑要有分寸，不然无心的玩笑变成孩子内心的阴影就不好了。

他有什么爱好？

——中美父母对子女恋爱对象的不同关注点

记得在国内上初中时，无论是在学校还是在家里，“早恋”在家长和老师眼中都是一个非常严重的错误。即便是有些开放的家长允许孩子交往异性朋友，也要对对方的家庭进行一次追根刨底的大调查——“他父母是做什么的？家庭经济条件怎么样……”诸如此类的问题非常典型。但是这样一来，好像对方父母的职位远远比孩子之间的感情重要得多。

不同于中国的是，美国家长如果在得知孩子交往了男女朋友。他们会首先送上祝福，因为觉得这是孩子在逐渐走向成熟的一个重要标志，并且询问对方的兴趣爱好——“他周末的时候喜欢干什么？他喜欢吃哪一国的饭菜？他喜欢什么运动？爱看什么书……”相比于国内的家长，美国的家长好像更重视孩子的兴趣爱好，而且对“早恋”这件事情不持极端否定的态度。

正是由于美国父母的支持和开明的态度，很多“校园情侣”

的关系反而是相对自然的、健康的、彼此促进的。我身边就有这么一对可爱的美国情侣，他们平时在校园里都是各自努力学习，只有中午吃饭或者是课间的时候，才会聚在一起。他们在一起的时候，也更多地是讨论一些学校最新的活动，或者上课期间发生的有趣事情。印象很深的是，因为这个男生参加了橄榄球队，所以女生也报名参加了学校的啦啦队。这样一来，他们就有更多的时间可以一起活动。每次男生在场上奋力奔跑抢球的时候，女生都会在台下为自己的男朋友呐喊助威。这位女生也酷爱表演，每次女生有表演的时候，在结束后男生都会送上一束鲜花表示祝贺。这种良性的阳光的情侣关系非常让人羡慕，丝毫没有影响他们各自的成绩。

这种比较典型的“美式校园情侣”在校园里面还是有很多的，因为这种健康的关系，所以父母并不会介入太多，反倒觉得在这样短暂的学习阶段，自己的孩子能够找到一个兴趣相投的异性朋友不失为一件好事，证明了自己孩子的魅力，对孩子有着积极促进的作用。我在国内上初中的时候，好像情形是完全相反的。班里多是“暗地情侣”。他们大多生怕被家长和老师知道，因为一旦被家长老师发现，那可不得了了，不仅仅招来一大通的思想教育，可能还会在中间横加阻拦，最后弄得两人连正常的同学关系也维持不了。

“早恋”到底应不应该？这个问题还不能得到一个正确的答案，或者我想其实这个问题本身就不存在一个答案。如果在纯真的年代，能够遇到一份让自己心动的感情，并且对自己起到一个促进的作用，我想这并不是非得斩草除根去消除的一件事情。反倒是家长能够对自己孩子有一些更深入的了解，如果通过交往异性而使自己的沟通方式更加完善的话，那么也许“那些年”就会变成很多人心中一个美好的回忆。

丽珊老师说

中国父母一旦发现子女谈恋爱就高度紧张，仿佛孩子马上就娶了或嫁了，煞有介事地将对方当作孩子的结婚对象进行考察。如果站在这个高度，了解对方的家庭出身、父母从事的职业、物质基础等等是大有必要的，但中国父母忽略了最不该忽略的关键是孩子才仅仅是中学生而已，他们现在的恋爱与未来的婚姻之间到底有多大的关系呢？父母的这种提问使孩子觉得不可理喻，懒得和父母再分享自己的爱情。有的甚至和父母谎称“分手了”。亲子沟通的大门就此关闭。我们的孩子在恋爱中是孤独的，无法得到来自父母的支持和点拨。

还是美国父母更加务实，“他的爱好是什么？喜欢什么运动？周末时间如何安排？在看什么书？”这些看似不属于原则性的小问题，却将这个孩子的精神风貌、人生追求、生活品质活脱脱地勾勒出来了。这些提问既能帮助孩子明确未来挑选伴侣要注意的内容，又因为话题轻松而使孩子乐于与父母分享自己的“爱情”……

我喜欢街头涂鸦那种张扬的自由，喜欢那略带嚣张的叛逆，相比按部就班的生活，我更喜欢去挑战未知的恐惧！有时候，对待生命你不妨大胆冒险一点，因为好歹你要失去它，如果这世界上真有奇迹，那只是努力的另一个名字。

第五章

遵守规则才能获得尊重

“我们的事情，不关你事。”

——为什么我们更习惯于围观？

打架这个事情在中国的校园里面时常发生，因为一些鸡毛蒜皮的事情也可能就会打上那么一场。对于打架的后果呢，不是请家长就是记处分。但是这次我的两个同学打架打到美国去了。

记得当时随着学校的夏令营来到美国，我们在旅游的路上遇到了休息站，同学们都下车休息放松。两个男生因为买水的事情发生了矛盾。先是两个人开始吵架，但由于一个男生推搡了一下另外一个男同学，这一推可不得了，彻底地激怒了另一个男生，于是两个人扭打成一团，你打我一下我推你一下。“Stop it！”（住手！）身后一个浑厚的中年男人的声音吓了围观的同学们一跳。“怎么可以这样！像动物一样在公共场合打架？我希望你们马上停下！”“不关你的事情！”其中一个打架的男生表示不服气，“真是多管闲事！”甚至还有围观的中国同学这样评论道。“我们是中国人，我们的事情你管不

我在后面驾驶着挖土机，老爷爷并没有很紧张，而是不断地和我说笑。他说："年轻人，要什么只管去尝试！"

着！"打架的男生对于这个"多管闲事"的老外更生气了，"但是这里是美国！我要拨打 911 报警，如果你们再继续下去！"后来由于带队老师及时赶来，进行调解才没有让原本一件小事情变得不可收拾。从那次之后，我在心中产生了一个念头，"原来美国人是会多管闲事的。"

像这样"爱管闲事"的情况我经常能够碰到，记得一次在迪士尼乐园，我看到了一个啼哭的四五岁大的女孩，我在心里面想：噢，她可能找不到妈妈了吧。就在我还在想她是怎么和父母走失的时候，已经上去了五六个美国人，他们非常关切地询问孩子的情况，有人在原地陪她等待，有人在附近帮她寻找家人。

类似这种"多管闲事"的状况时常发生，在留学美国的时候我也经常向自己发问。这是"闲事"吗？其实这些事情都和我们息息相关，就在我们身边发生，而他们也是需要帮助的人们。那这又是“多管”吗？难道这些事情和我们一点关系都没有吗？面对着需要帮助的人们，我们是怎么做到仅仅是“围观”，而不去帮助的？

有一次，我们几个留学生周末休息在家里一起玩电脑，看国内的新闻。一个标题吸引了我们的眼球：“老爷爷摔倒了，该不该扶？”这还用讨论吗？我们知道如果这种情况发生在美国，那么路人一定会去搀扶，并送往医院或者帮助老爷爷联系家人。这则新闻的标题好像不应该成为一个问题，因为遇到碰到麻烦的人们，我们一定要尽可能地提供帮助。我还是希望，慢慢地能够不再看到这种新闻标题，因为社会的责任就是每个人的责任。

丽珊老师说

“我为人人，人人为我”，对于我们来讲是一个过气的口号，但它却道出了公民社会的真谛。每一位公民不仅能独善其身，自觉遵守社会规则；而且还要尽最大可能地维护社会的正常秩序，为社会做贡献。有强烈的社会责任感，发生在我身边就是我的事情，我就有责任、有义务在力所能及的情况下做些贡献，无论是帮助弱者，还是制止扰乱秩序的人。社会上释放正能量的人多了，就会感染更多的人贡献正能量。每个人在这个社会里就能获得安全感和幸福感。口袋里有钱是容易做到的，内心强大，有公民意识贡献社会才是最难做到的，但只有做到这一点，我们才能骄傲地说，我们不仅是大国而且是强国。

星巴克的垃圾

——爷家有钱，所有规则无效

我们学校附近走路大概七分钟的地方有一家星巴克，这可不是一家普普通通的星巴克。放在古代，这就是一个“茶馆”。为什么这样说呢，因为这里是放学后留学生们进行社交的地方。在国内也听人这么说过，“中国人多的地方就特别吵”，但是好像大家也都在心里默认了这个事实。但是不同于中国的是，美国地广人稀，“喧哗”好像就成为了一件特别显眼的事情。

除非遇到了特别过分的情况，一般的美国人看到如此情景只会摇摇头，露出无奈的眼神。但是很多中国同学愈演愈烈，喝完咖啡的杯子就留在桌子上，烟头扔得满地都是，甚至还有同学在中国超市买瓜子来磕。这不就又回到国内了吗？星巴克的员工实在忍无可忍，跑到我们学校进行投诉，学校也对此进行了处理。该教育的教育，该发 detention（处罚的条）的发 detention。但是这“茶馆”的故事还远远没有结束。

说它是“茶馆”，另外一个原因就是因为不同朋友圈的留学生们都在这聚集。家里条件特别好的同学们喜欢开着跑车往星巴克门口一停，以此来彰显自己优越的家庭条件。而在学校

“混”得比较好的同学，就喜欢大声说一些“骇人听闻”的八卦，来显示自己知道比别人更多的“内幕”。

有些家里条件一般的同学，或是一些同学们口中的“学霸”有时候也来凑个热闹，仿佛在星巴克咖啡的浓香和轻柔的爵士乐下，也沾上了那么一些“美国味道”。这个“茶馆”可不一般，想了想，究竟是有多少想家的眼泪是就着这杯“苦咖啡”咽了下去？又有多少“坑人”的八卦从此流出？还有多少同学是因为“攀比”的心理每天去排队买这些其实并不喜欢的“洋玩意儿”。这种硬生生被分隔出来的“阶级排位”实际上就造就了一个个小小的朋友圈子。往往这些在留学生中“混”得不错的同学，都非常看不起所谓的“学霸”们，或者用其中一些同学们的语气来说，就是“哎呀，这些老和外国人玩的中国人，脑子都是怎么想的啊”。是啊，家庭条件优越的他们永远无从得知这些甚至连学费都是家人凑起来的同学们的想法。这些“混”得不错的同学们往往在“茶馆”里面也要充当一个老大的角色。

收拾残局这种事，留学前是妈妈的重任，现在是我的了！随着年龄的增长，我们知道了父母的辛苦。时间不仅让我们成长，更让我们有责任，有担当。

我就是不收拾喝完的杯子，我就是要大声讲话，我偏要讲话气死“学霸”们。不知道从哪里来的自信，无论是外国人还是一些“老老实实”的中国人，更重要的是这些规则和应有的素质，都被他们踩在了脚下。仿佛只有大声叫喊才能让别人知道自己家里面有多少房产，仿佛只有不扔杯子才能看出自己在圈子里面的地位，又仿佛只有有胆量讽刺这些老实的“学霸”们才能看出自己是凌驾于美国规则制度之上的。

挑战规则，成为了一件值得炫耀的事情。“你们不敢做的事情，我敢！”这种无厘头的状态逐渐在圈子里面蔓延开来，这种无所顾忌的态度慢慢地发展到了更多的事情上。飙车、违反课堂纪律、挑战老师权威，很多因为被扣上了“问题学生”名号而选择出国的同学们，又重新走上了之前的那条老路。在家长还一无所知的情况下，很多留学生在这条路上越走越远，越走越远。而这条路的尽头呢？我不知道。我只知道这是一条极为坎坷曲折的道路，而同学们如果选择了挑战这条“不归路”，就要为自己的选择付出代价。

丽珊老师说

近三十年中国是世界经济发展速度最快的国家，越来越多的人拥有了财富，每个人都渴望自己或自己的后代成为贵族，被别人尊重。

真正的贵族精神，应该有三根重要的支柱，一是文化的教养，抵御物欲主义的诱惑，不以享乐为人生目的，培养高贵的道德情操与文化精神；二是社会的担当，作为社会精英，严于自律，珍惜荣誉，扶助弱势群体，担当起社区与国家的责任；三是自由的灵魂，有独立的意志，在权力与金钱面前敢于说不，而且具有知性与道德的自主性，能够超越时尚与潮流。贵族这一无论是在称谓还是实质上的确认，都必须是与其品德、学识、行为相符合的。否则，即使其权倾天下，富可敌国，亦不能进入贵族的行列中。贵族的真正意义是指其在精神和高尚行为上的拥有。贵族精神的高贵之处，就是干净地活着，优雅地活着，有尊严地活着。他不会为了一些眼前的现实利益，去背信弃义，去不择手段。基于这样一种意义上来讲，精神的贵族和所谓富有之人应该是没有关系的。精神的贵族不一定富有，富有之人不一定是贵族。因为这种贵族精神不是用钱可以买来的。

虚惊一场

——在美国，歧视是一件很大的事情

我的一位在美国东部上大学的朋友告诉过我这样一件骇人听闻的事情。有一次他们学校有两个中国同学晚上去麦当劳吃饭，旁边桌坐了两个黑人，他们在闲聊也没有顾及其他，聊天内容也大概就是，“你去过那个新开的中国餐厅吗？”“哪个啊？哦，我知道了，就是开在学校旁边的那个是吧？”他们也只是聊了一些有的没的家常琐碎。但是突然旁边的两个黑人

冲到他们面前，很大声地愤怒地问他们在讨论什么！这两位同学惊呆了，不知道自己说错了什么激怒了旁边的这两位黑人大哥。黑人大哥说这两位中国小伙子在辱骂他们，这弄得咱们这两位同学是丈二和尚摸不着头脑。在解释中才发现，原来黑人朋友以为这两个中国男孩称呼他们为“nigga”。这是个贬义的词语，“nigga”是俚语，意思是“nigger”，“nigger”从西班牙语的词“negro”演变过来，“negro”的意思是黑色的，也用来叫黑人。有的黑人叫别的黑人朋友们“nigga”，可是如果你不是黑人你不应该说“nigga”，这是贬义的。有的人说“nigger”是比“nigga”更贬义的，所以在美国人们不会随便说这个单词。原来这两位中国同学嘴里一直在重复“那个，那个”，所以黑人听成了“nigga，nigga”（谐音），这才差点上演了一场悲剧。

这件事情后来一直变成了一个“段子”传在校园里面，但是也因此很多留学生对黑人产生出了惧怕的感觉。甚至有些同学走在街上会绕着黑人走。从那之后的很长一段时间，在留学生的眼里，黑人这个词就代表着：毒品、枪支、犯罪等等。在校园里也极少会看到有中国同学很火热地和黑人朋友融入在一起。

我也经历过和“黑人”有关的一件事情。有一次我和一位女生朋友去迪士尼玩儿，回家路上，我恰巧用车载蓝牙接了通电话。当时是我在开车，在洛杉矶的交通规则里面红灯是可以右转的。可是我由于精神不集中多停了那么一两分钟，后面的一辆车“叭叭“地按了几声喇叭，我的车才慌忙右转，我看了下后视镜，开车的是两个黑人，一男一女。和我同行的是一位来自宁波的女孩，个性乖巧安静，她非常紧张。我又开过了几条小路，但是后面这辆车子一直跟着我。我左转它就左转，我直走它就直走。我又看了看后视镜，他们的表情还好像非常严肃和生气。“Eva，这是不是坏人啊？我们是不是被跟踪了？”我踩了一下油门告诉我的朋友不要紧张，再走几个路口如果他们还在后面咱们再想办法。迪士尼离我家大概有十五分钟的路程，又开了一段路后，我发现这辆车还在后面跟着。这时候我的心里也开始打起了鼓，甚至那个东部男生给我讲的故事又重新浮现到了脑海。但是我转念一想，不就是晚了一两分钟转弯么，不至于这么严重吧。这时候我们已经快开到家了，我告诉我的朋友，“咱们先不回家，从家门口绕一圈，因为他们不知道哪儿是咱家。如果他们还跟着，咱们就开远一点去另外一个朋友家。我觉得这是一个万全的办法，因为我的车里面还有半箱油，即使这两个人真的在跟踪我们，我们也有机会逃脱。想着想着已经来到了家门口，我看了看后视镜却发现这辆车拐入了旁边的一个路口，“他们是不是打算在那里堵我们？”这是我冒出的第一个念头。我决定开慢一点，跟过去看一眼是什么情况。这一看可好，我和我的朋友真是哭笑不得。原来这两个黑人是我们的邻居，只见他们从车上拿出了超市买的大包小包的东西有说有笑地走回了家。我们也因此松了口气，我和我的朋友开玩笑道：“咱俩真是自作多情了！”

通过这两件事情我想在留学的过程中，我们需要注意和学习的事情还有很多，其实黑人并没有我们想的那么可怕，反而是我们的心中千万不要产生“歧视”这个观念。“歧视”在美国是个非常严重的罪，你甚至可能因为讲出的几句话而被送上法庭。平等、自由，这就是美国精神的灵魂。这次“虚惊一场”的迪士尼之旅让我们在很大程度上，纠正了一些对黑人的不公平的认识，后来在校园里我也交到了几位黑人好朋友。

丽珊老师说

美国是一个移民国家，谁是美国真正的主人？每一位纳税者和他们的家人都是美国的主人，为此国家要尽最大努力保持不同种族人之间的平等与和谐共处，这就是为什么歧视在美国是严重的罪的根本原因。小留学生到了美国不仅要学习那里的主流文化，还要了解各种禁忌，避免犯错误，伤害别人，伤到自己。

“韩国人？棒子？”

——民族成见是阻碍国际化的绊脚石

“棒子”“阿西爸”“整容时代”……相信在美留学的中国同学们对这些绰号一定不陌生，因为这就是我们赐予韩国同学的“光荣”称号。

在校园里，难免出现每个国家同学抱团的情况，如果在午餐时间你走进我们校园，一定会清楚地看到，坐在旗杆下和草

学校的餐厅，是朋友们小聚的最佳地点。当然，对于我来说，几本书是必不可少的，汲取身体与精神的双重营养。

地上的是美国同学，坐在树荫下的是韩国同学，散布在走廊里的有很多墨西哥和越南同学，而在餐厅里和图书馆里的大部分是中国同学。当然也有极少数的不同国家的同学会坐在一起，商讨学术问题。我想这样的现象在哪里都会发生。我们也可以理解，毕竟在同一个环境成长，自然就会有更多的共同语言。但是如果出现歧视和冲突的话，我想我们就要花点时间讨论一下这个问题了。

Jenny Lee 是一个可爱的韩国女孩，由于开学时我们坐了同桌，朝夕相处，就成了好朋友。一天她突然问我，“Eva, could you explain to me what is called ‘bang ci' ? ”(Eva，你能不能给我解释一下什么叫 ‘ban ci')“ bang ci？ ”我被问得一头雾水，沉思片刻我突然说道：“Oh, you mean ‘ bang zi' ？ ”(哦，你说的是“bang zi”) 她猛点头，“Yeah yeah. bang zi！ ”(对对，bang zi！)我脱口说出：“Korean！ That’ s means Korean！ ”(哦，那是韩国人的意思) 说完我就后悔了。她问我 bang zi 的意思，我

就给她解释，bang zi 就是棍子的意思。在中国有的地方也指玉米。她听完不高兴地说道："为什么韩国人是玉米和棍子。每次经过中国同学身边，都会听到他们说起这个词语。"我尴尬地不知道怎么解释，我真希望我们的玩笑可以有一个度，不要把幽默延展成不尊重，闹出国际笑话可不是我们想要的。

韩国同学在校园里面非常团结，甚至有点"孤僻"，不是特别愿意和别的国家的同学一起玩。多数韩国人中午也都自带饭盒，喜欢吃自己国家的食物。我身边就有一个韩国好朋友叫作 Annabel，她因为过度整容而变得比较孤僻。第一次去她家的时候我就惊呆了，她住在一个阁楼上，只有两个屋子。一个屋子用来学习和做饭，另一个屋子里只有一张床垫铺在地上，散落一地的化妆品和卷子让我瞠目结舌。"我们韩国同学家里要求都非常严格，只有学习是我们的唯一出路。如果学不好，以后就要回韩国打工。"看着我吃惊的表情，Annabel 向我解释道。"我觉得中国人很厉害很有钱，我看咱们学校里面很多中国人好像不用学习以后就可以有好的工作，但是我们不一样。"顿时我对韩国人的了解又多了一些。我很吃惊她是如何做到每天独来独往，过着一个人的生活的。她告诉我她每天放学从家门口超市随便买点吃的，带回家炒一下就是一顿饭了。那次去她家的经历给我留下了很深的印象，从那之后我再也不喜欢给韩国人起外号了。我觉得她们奋发图强的精神是很多中国留学生所缺少的。后来到了毕业季，我听说 Annabel 去了纽约一所普通的大学，感到很吃惊，以她的成绩考上一所好大学是轻而易举的事情。后来才知道，原来她父母给她上大学的费用只够报读普通院校。我在为她感到惋惜的同时，觉得走出国门，获得国际化的视野真的是一件重要的事情。在我们拥有众多优良条件的时候，更应该向 Annabel 那样的韩国人学习一些精神。

丽珊老师说

每个民族都有其独特的品质，韩国的国土面积那么小却曾一度成为全球不可小瞧的经济大国，如果没有一代一代勤奋、拼搏的韩国人，怎么可能创造出这样的经济奇迹呢？留学生到国外，学习课堂知识只是一个方面，认真地观察各国人的特点，追溯这些民族性形成的历史原因，以海纳百川的心态去学习各民族的优点，集众人之长，才不愧是大中华民族的子孙。

没有了诚实，在美国就没有了立足之地

——如实介绍你的义工经历就好了

前些年，很多中国留学生在申请大学的时候“吃了亏”。之所以这样说是因为很多中国留学生有着优异的成绩，但是在

社会活动上缺乏经验，而这方面又是很多美国大学着重培养的。所以越来越多的同学利用假期在国内去“做”各种社会活动和慈善事业，目的其实很简单，就是为了申请到好大学。

但是美国大学的老师们也不是“傻瓜”，在看到越来越多假的关于公益事业的论文后，他们开始怀疑我们做这些活动的真实性，也有越来越多的大学给同学们进行“实习”的单位打电话确认事情的真实性。一旦查出是造假，这个学生的诚信便会遭到质疑，基本就没有被录取的可能性了。

相比一些中国留学生，外国同学在做活动的时候目的更单纯些。我们学校就有这样一位美国女生，她每天下午放学后都到学校附近的一个教学机构给小同学补习数学。我在对她的行为感到佩服的同时还有几分不理解。我看她平时在学校学习非常努力，而且参加了很多学校的课外活动，所以我在心里琢磨她怎么还能有精力天天跑到这个教育机构去帮小朋友呢？一次偶然的机会中，我和她攀谈了起来，“Hey, Kelly! 听说你每天都去学校附近给人补习数学？”“是啊，这是一件非常有趣的事情，下次如果你想来我们也可以一起去！因为听说中国人的数学都很好！”我不好意思地笑了笑，因为其实数学是我的弱项，而且我并不打算每天在这上面花两三个小时。她告诉我在那个机构她认识了一个小朋友叫作 Maria，是个墨西哥小女生，非常可爱，像个小天使一样。她说自己每天从中午吃饭的时候就开始想念她，希望能快快见到她。这个时候，我心中的疑问就没有了。因为我想我找到了她每天下午那么积极地赶去教育机构的原因了。

随着越来越多的同学看到了美国大学重视“课外活动”这

一块，更多的中国留学生参与到了“做慈善做公益”的队伍中来，也有很多的同学选择在美国当地参加志愿者活动。我的朋友 Doris 的一次去参加“墨西哥志愿军”的经历就给我留下了很深的印象。当时她得知了在墨西哥开展了“教墨西哥小朋友说英语”的志愿者活动，她立马报名参加了这个为期一个星期的活动。刚开始的时候，Doris 非常担心那边的治安和环境问题。她查阅了一些资料，发现墨西哥是一个治安很差的国家。临行前她又开始纠结自己的决定是否正确，但是随着行程的逼近也容不得她多想，带着一个小行李箱开始了她为期一周的志愿者活动。一周后我再次见到她，她就像变了一个人似的，从一个乖巧安静的小女生变成了一个阳光女孩。她告诉我们这是她人生中最快乐的一周。她每天都经历着感动，永远忘不了那些孩子们渴望学习的眼神。她还呼吁更多的同学明年参加这个活动。我觉得这种“良性”的慈善行为非常值得宣扬，在发自内心地帮助别人的同时，对大学的申请也会加分。掌握好帮助他人的方式，调整好做慈善的心态，才是申请大学的同学们需要做的第一步。

丽珊老师说

因为在申请国外大学时需要社会实践和志愿者的经历，我接待了太多寻求我“证明”的学生们，他们在学生时代的确做过一些社会实践。每当这个时候，我都会建议他们自己先写一下，我负责来审查。一些同学本着“多多益善”的态度，在介绍自己参与活动时无限放大，本来只是去老人院慰问过一次却写成多年来坚持定期到老人院，负责老年人的十字绣教学工作；有的学生会参照“感动中国”年度人物的故事编写自己“可歌可泣”的经历……我不但不给他们证明，而且会明确地告诉他们“如实”是最可贵的。许多学生在我的建议下如实写了申请，基本都被美国前50名的大学录取了。

罚款五十美元，只多停了三分钟

——你不得不知的美国车辆管理

有一次我和朋友去迪士尼旁边的购物街上买零食，我们想，买个喝的也用不了多久吧，于是就把车停在了十五分钟停车位上。美国的停车场通常有残疾人停车位、十五分钟停车位、长时间停车位不同区域。但是当我们买完饮料回来的时候，可真的是气坏了，车上被贴了一张条子，不用问就知道是罚单啦。但是一看表，这才过了不过三分钟啊，也太苛刻了吧？

是的，美国的规章制度实行起来就是这么的残酷。我的经历还只是一张五十美元的罚单那么简单。我妈妈的一位朋友可就没那么幸运了。这个叔叔是新移民，假期的时候会到美国来度假，他在美国已经置办了房子，买了车，所以经常来美国这边。他上次带着放松的心情再一次来到美国的时候，就被突如其来的“惊喜”吓了一跳，等待他的是高达几千美元的罚款和一场官司。事情是这样的，从他家到一个超市的途中有一条路是“Toll Road”，经过这条路是需要交一美元过路费的，但是我这个叔叔天天来来回回，却从来不知道需要交钱。这才导致了这个“悲剧”，后来这个叔叔请了律师，才缓解了这个非常严重的“过错”。其实按常理来说，这个叔叔真的是很冤枉。第一他以为美国的所有公路如大家所说一般都是免费的，第二他的语言不行根本看不懂标示上面写着什么。

美国的一些规章制度完全是建立在“你需要了解一些常用英语”上面，所以后来他强烈建议周边的朋友要在学习英语的时候多了解些像这样的常用词汇。

日暮已落，傍晚的洛杉矶是最美的，很喜欢青黄相接的天色，空气中弥散着一种思乡的味道，好想回到故乡，看一看日落的华美。当然，现在我要继续前行！

这些残酷的规章制度，有些国人喜欢把它理解为“缺少人情味”，也确实是这样，美国人在实施法律的时候，毫无情面可言。

从美国的校园里面也可以看到一些这样的事例。平时，老师和同学们的关系都是非常和谐的，甚至还会彼此开玩笑。但是如果你的一些行为一旦违反了规定，比如说不学习、作弊、欺负同学的时候，老师就是“六月的天，小孩的脸”，说变就变。等待着你的将会是惩罚和严肃的批评。当然如果事后你有良好的态度来改正错误，那么老师又会回归到之前那个温和的样子。换句话说，态度其实是最重要的！

我已经在美国生活了三年，我知道需要我了解的事情还有很多很多。但是我明白了“尊重游戏规则和遵守规章制度”的重要性。这些越早了解越受益的事情还有许多，我希望身边能有更多的人明白生活在一个法制社会需要做的事情是什么。

丽珊老师说

看来作为留学生到一个新的地方需要了解的事情真的太多了，如果以交罚款作为交“学费”来知道，成本就太高了，况且这样的“学费”交多了，影响你的诚信记录，那就更惨了。初到国外要保持一颗学习的心，多多向周围的人请教，他们的经验或者是教训对于你来讲都是宝贵的。

不当的表述让中国人被粗鲁了

——学习地道的语言表达很重要

有的时候一些美国人会认为中国人非常的“粗鲁”。我的一位美国朋友就曾经举了一些她不理解的中国人的生活习惯。“他们进了餐厅就冲进去找个自己喜欢的位置坐下。我有的时候冲他们微笑，他们也慌张地避开我的眼神。去逛街的时候，服务员和他们打招呼，他们却置之不理只顾自己挑选商品。”这么乍一听好像中国人真的如他们所说的很粗鲁一般。但是，回过头来想想，这是否与我们生长的环境有着不可避免的关系呢？或者换句话说，这种所谓的“粗鲁”，是不是就是我们经常谈到的中美差异呢？

最近在中国流行着这样一则笑话，说是：“怎么这老外在国外就那么爱笑呢？在中国也不笑了。”另一个人回答道：“你天天喝地沟油你能咧嘴笑得出来啊？”虽然这只是个小笑话，但是我们也能从中发现一个问题。确实是这样的，在中国尤其是当陌生的两个人见面的时候，是绝对不会相互微笑的，甚至希望能够避开对方的眼神。但是在国外，无论你走在大街上还

这位中国男生，穿着木屐，让我误以为是日本学生。看着他歪歪扭扭地向停车场走去。我哭笑不得。但是，生活不就应该是这样的吗？我就是一点一滴地发现生活！

是商场里面，当两个陌生人对视的时候，都会相互会心地一笑。而从这不经意的微笑中，我们可以体味出的是：对周边环境的满足，对他人的尊重和非常从容的心态。我在中国有一次因为好奇心，尝试了一下在闹市区向一个陌生年轻女孩微笑。她立马紧张地转过头问她的同伴，“我脸上有东西吗？”我想这就是不同。

在餐厅礼仪方面东西方也有着许多不同的地方。比如在日本，人们吃拉面的时候，如果你发出的“吸溜吸溜”的声音越大，就证明厨师做的面越好吃。但是在美国，人们嚼东西基本上都是闭着嘴的，也不会发出“吧唧吧唧”的声音。如果在正式的场合吃东西发出过大的动静反而被人们看作是一种“不礼貌的行为”。我有一位好朋友在吃饭的时候，就“恨不得让全天下都知道这菜有多好吃”。因为平时她大多数也都是一个人吃饭，所以不会太“栽面儿”，或者说其实她有时候在无意间丢了人自己却全然不知。但是有一次可不得了，她的爸爸妈妈和哥哥姐姐来美国看望她，寄宿家庭自然提议一起吃个晚饭。吃饭的时候我作为她要好的朋友也受到了邀请。我早就知道她有吃饭“吧唧”嘴巴的毛病，但是谁知道她的四位亲友也同样有这个毛病，而且好像更严重。在饭桌上，我就听见她的寄宿家庭爸爸小声地嘀咕了一句：“今晚免费听了场音乐会。”语气中略带嘲讽，我想在他的心里可能从那一瞬间就刻下了“粗鲁”这个印象。

我简单地介绍一下美国的餐厅文化吧。在比较正式一些的美国餐厅，去吃饭是需要先在门口等候的，会有服务员接着把你带进餐厅。相对而言高档一点的餐厅，基本上每桌都是有固定的服务员的，除非你有特殊的情况，不然最好不要随便叫过路的服务员服务。而点餐的顺序也有讲究，一般来说服务员都会先问候你，“Hey! How’s going？”（嘿，今天过得怎么样？）这时你可以用，“Good”（很好）“Fantastic”（很棒）之类来回答。

接着就可以点饮料，点完饮料服务员会先把饮料端上来，这时你可以开始点主食。在吃饭的过程中，服务员也会不时地走过来询问你的情况,“How was it？”(菜的味道怎么样？)服务员会询问你对于菜品的满意程度，这时你可以完全不必隐瞒自己的真实想法。如果感到非常好，可以说“It was really delicious!”(它真的很好吃)或者也可以提出自己的建议，比如盐不够多，或者太甜等等。很多餐厅也会及时做出改变，甚至会重新做一份给你。因为他们更重视的是菜品的质量和顾客的满意程度。

饭后服务员也会过来询问你需不需要甜品或者饭后咖啡。这时如果你感到已经很饱，可以回答说，“It’s OK! We’re good!”(不需要了，我们饱了)或者也根据需要接着点一些小吃。给小费，是很多中国客人最不情愿做的事情。但是在美国消费人工服务一般都是需要给小费的。小费也是在10%到15%之间不等。这是对服务员的尊重，更是他们应该得到的报酬。题外话，在美国的人工服务是比较昂贵的。

和在餐厅一样，如果是在商场购物，进门的时候服务员一般都会非常热情地和你打招呼，“Hey,there! How’s going？”(你好,今天过得如何？)一般你可以回答，“Good, and you？”(还不错，你呢？)他们会回答不错，谢谢，“Is there anything I can help you？”(你有什么需要帮忙的吗？)这时你可以对他说出你的需求。

像这样非常琐碎的、日常化的小细节、小习惯还有很多很多。这也就是我们所谓的中美差异。中国人真的“粗鲁”吗？不，很多时候只是因为我们生长的环境不同所以给外人展现的感觉就是惊惶失措的、不安的。如果我们在走出国门，接触国际文化的时候，多注意观察一下身边的生活细节，并且去学习新的文化和习惯，我想，尽早“融入”美国社会，也会变得简单很多。

丽珊老师说

我们在写这本书的时候恰好赶上网上热传中国大妈在纽约广场跳舞因扰民被警察铐走、美国纽约华人沿街晾内衣裤遭其他族裔居民投诉，被警方干预……真牛，我们无论走到哪里，都会有主人翁意识，按照自己既定的方式去生活，全然不管当地的习俗。

为了避免不愉快，还是观察一下当地的风俗，遵守当地的法规法条，让自己更入乡随俗一些，更令人尊重一些，不是更好吗？

在国外的日子，只有自己知道。当然，独在异乡，我们的心始终相连。终有一天，各自天涯，我们依然是一个家。

第六章

人际和谐太重要了

我们要 Eva！只要！

——尽力让自己成为受欢迎的人

我从小就酷爱音乐。记得在小的时候，妈妈让我选学一样乐器，在小提琴和钢琴中间我毅然决然地选择了钢琴。不像很多小朋友视钢琴课为敌人，我倒是愿意安安静静地坐上那么一两个小时，享受着钢琴给我带来的快乐。小学毕业的时候，我拿到了钢琴的九级，之后就没有正统地上过钢琴课，但是一直都在课余时间练习。

到了美国后，我也没放弃钢琴这个爱好，在课余时间我还十分乐意为朋友们演奏两曲，也经常自己弹弹陶冶情操。记得一次寄宿家庭的女儿想上钢琴课，我陪同她一起去了一所钢琴学校。那里的老师得知我也会弹钢琴便让我展示，我弹了一首中国古典乐曲《彩云追月》，这一弹吸引了很多学生和家长过来，称赞不绝。一个星期后，我收到了来自这所钢琴学校的邀请，希望聘请我当一个小小钢琴老师。对于这个消息我感到震撼，负责人对我说，他们收到一些家长的反馈，说认定了 Eva

当我们孩子的钢琴老师。

两个礼拜后，我上岗了。我准备了很多中国传统教学曲目，还有很多趣味游戏给这些小同学，吸引了许许多多小朋友来上Eva老师的课，我的小班教学也由一个孩子变成了三个孩子。为期两个月的开心教学过程为我带来了不少收获。

后来我想，正是我愿意大胆地展示自己，再加上积极阳光的态度才吸引了这些家长和同学。我真正体会到大人们常说的“艺多不压身”的道理，会一门乐器让我在许多时候收获了意外之喜。

丽珊老师说

如何大胆表现自己，又不咄咄逼人，对于成年人来讲都是十分难拿捏的事情。一玮总是一副谦和的、柔柔的小女生样子，但当遇到她自己有把握做好的事情时却从来不忸怩，并且很用心地将事情做到最好。

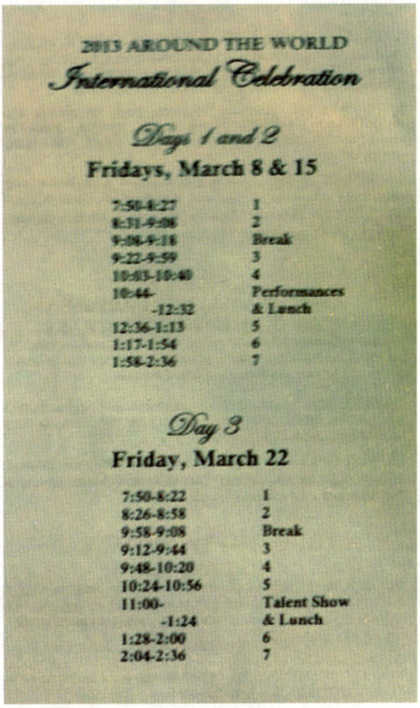

2013 AROUND THE WORLD

International Celebration

Days 1 and 2

Fridays, March 8 & 15

7:50-8:27	1
8:31-9:08	2
9:08-9:18	Break
9:22-9:59	3
10:03-10:40	4
10:44- -12:32	Performances & Lunch
12:36-1:13	5
1:17-1:54	6
1:58-2:36	7

Day 3

Friday, March 22

7:50-8:22	1
8:26-8:58	2
9:58-9:08	Break
9:12-9:44	3
9:48-10:20	4
10:24-10:56	5
11:00- -1:24	Talent Show & Lunch
1:28-2:00	6
2:04-2:36	7

这是我的时间表，时间是美国人生活中非常重要的一环。而时间表，就是他们生活的一个标杆。记得《时间煮雨》歌词里有一句“风吹雨成花，时间追不上白马，你年少掌心的梦话，依然紧握着吗？”我想说，我会紧握，至少尽力地握。

“我看一下时间表”

——学会拒绝是对彼此的尊重

对于我来说，最纠结的事情莫过于答应别人的事情又因为种种原因不能完成，心里的愧疚和难受就像不能参加一个老朋友的生日晚会。记得原来我总是许诺朋友，“好呀，那这周末去看电影好了。”到了周末忽然发现自己的跳舞课也被排在同一时间，只能拨过去电话，“对不起噢，我这周不能去了，忘记还要上课。”电话那边也同样会传来失望的“哦”的一声。我厌倦了如此反反复复的我，却从来没有想过改变。我发现身边的朋友也大多都如此，“再看吧”“回来再说”“随便啦”……这种尴尬的词语总是出现在我们的对话里面，而带来的结果往往也是令人失望的。

改变我这种状况的是 Jenny，她是日本和美国的混血儿。我们是在一个朋友的生日 Party 上认识的。她性格外向，爱好也和我相同。我们聊了很久以至于快要散会我们还不肯结束话题。快分开的时候，我激动地说：“How about come to my house this Saturday？I’ll show you some good chinese movies.”（这周六来我家吧，我带你看中国的电影。）我期待的回答是：“Awesome，I can’t wait!”（好啊，我已经等不及了！）但是她突然说：“Oh...I need to check on my schedule，and I’ll text you back if I can make it.”（哦，我需要查下我的时间表，如果我可以去的话我会发短信给你。）一种失望的感觉涌了上来，我想：好吧，看来她只是像别人说的那样三分钟热度，并没有真正想和我交朋友。因为在国内，好朋友接到邀请一定会说“好的嘛”！

果然第二天，她发来短信，开头是：“Sorry cutie，I couldn’t go to your house on Saturday.”（对不起，我这周六不能去你家。）看到这，我更坚定了自己之前的想法：哼，不愿意和我玩就算了。但短信并没有结束，后面继续说：“真的希望可以快点和你一起玩，不知道周日早上 9 点去你家方便吗？”看完短信，我真的觉得自愧不如，想到如果她当时果断地答应我，周六又不能来的话，我会是多么的失望。更悲催的是如果周六因为她的到访而让我推托掉别的安排，结果她却不能来，我将会是多么的气愤呀？“查看完时间表”，找一个大家都合适的时间在一起真是一个妥妥的选择！从那天起，我学会了不要一口答应别人的邀请，而是：check on my schedule first.（先看一眼时间表。）

丽珊老师说

不会拒绝是许多人共同存在的问题，生怕拒绝了人家就得罪了人家。结果或是自己为了这个不拒绝付出了很大的代价，内心不免对对方有了更高的要求；或是实在不能履行承诺，最终给人家造成了伤害或损失，无论哪种状况都会对友情产生负面的影响。其实学会拒绝是对双方的尊重。那么如何做呢？

青年人对成年人的教育、建议和劝诫充满了审视，甚至会自动地逆反。但他们却会观察、模仿同龄人中好的思维习惯和行为习惯，于是孩子和什么样的同伴在一起就显得十分重要！一玮和Jenny学会了既尊重自己的时间表，又不错过友情相约的方案。这正好暗合了我在1998年提出的“同伴互助”理论。为了印证这个理论，我于同年在天津市耀华中学创建了心理健康使者团，这个社团薪火相传，生生不息了十五年，许多学生在共事中学习到同侪身上的优点，获得了成长，并互为人脉，许多成员在人脉圈子里相互帮助，共同应对生活和事业的挑战。

墙上的手抄，记录着我和妈妈的点点滴滴，美好的记忆在我的脑海里萦绕着，我知道，我是她内心最大的牵挂，但是，我们彼此深知我们很强大，所有的磨砺都是为了让我们更快成长！

常“回家”看看

——如何与国内的朋友/家人保持联系

小的时候喜欢写日记，觉得打开日记本就像是进到了一个不一样的世界，在那里我可以畅所欲言，记录下生活中的点点滴滴，当然也可以抱怨下诸如为什么今天又吃包子这样的琐碎小事。长大些后，接触到了网络，我开始学会用 QQ，可以通过它和朋友同学聊天，当然日记后来也被 QQ 空间取而代之，在那里我也可以畅所欲言，还可以设置权限，例如陌生人不得来访等等。再后来，就出现了开心网、人人网、微博、微信等等。

出国后，我更多使用的软件是微信、skype 和人人。由于国外很多地方都有 wifi，上网十分方便，我时不时会用手机顺手拍下一张生活图片，配上一些想法文字发到微信的朋友圈中，而家人和朋友也会在图片下方留下自己的评论，还可以对喜欢的图片点“赞”，这个新鲜的联络方式增进了我和家人的感情，也缩短了彼此的距离。有时我会拍下路过的一家咖啡厅，配上文字：晴朗的下午，多希望和朋友聊聊天。而我可爱的老妈会在下方留言：那老妈呢，我也要去。然后配上一个生气撅嘴的表情。这种感觉就好像远在天边，近在眼前。一个太平洋的距离被缩短成了一个可爱表情。而有的时候，我隔太久不更新状态，家人也会担心是不是学业太繁忙，或者有心事，就会打来电话聊聊天，让我心情舒展。

在沟通这么便捷的新时代，我们不妨建立一个自己的“小家园”，可以把心事、新鲜事、烦恼的事情都放在这个小家上面。在这个家里，我们有家人、朋友、同学的支持。就好像住在一个四合院里一样温馨和谐。我希望有更多的人和我一样，常“回家”看看。

丽珊老师说

曾经在微信上看到一位“智慧父亲”的文章，他让每一位打算送孩子出国的父母回答以下三个问题：第一，你自己退休后是不是希望到外国生活？第二，愿不愿意接受和独生子女远隔重洋几年见不了一次面的局面？第三，让孩子从小接受了西方的教育后，再让孩子回到中国来工作和生活，孩子能不能适应，会不会开心？三个问题让许多父母重新考虑了送孩子出国的计划。

其实，父母既没有必要为了让孩子逃避中国教育或因为别人家的孩子出国了而勉为其难地送孩子出国；也不能仅仅为了不让自己老来孤单而强行将孩子留在身边。为人父母要想心态平和就一定要顺其自然。网络时代，孩子出国并不一定完全和中国割裂，只要父母和孩子都觉得保持与国内的链接很重要，就一定能够做到。越来越多的留学生父母会建议孩子每个假期都要回国，安排各种活动，包括与人生导师的交流。多年来，我陪伴了很多的留学生，无论他们身在哪个国家，他们都清楚地知道自己的根在中国，在职业生涯规划指导下，努力学习西方的先进经验，不断丰富自己的阅历，丰满自己的羽翼，同时又发展和强化自己的中国情结。

Bill 一家

——沟通时用心更重要

在刚刚产生留学这个念头的时候，妈妈就希望我可以通过体验选择一个适合我的国家，所以从初一开始每个假期我都会参加学校组织的出国游学，我去过英国、新加坡、澳大利亚等地。希望能够找到一个我将要生活几年的最佳的地方。去美国，住在 Bill 家对于我最终选择美国起到了 50% 的作用。

那次充满意义的旅程从一下飞机就开始了。我来到了西雅图，之前我对这个城市的了解不是很多，但是看过一个电影叫做《西雅图之夜》，我只知道这是一个非常美丽和浪漫的城市。很快，我见到了我的短期寄宿家庭。这个家庭里面有三个成员，爸爸叫做 Bill，是一个欧洲血统的美国人，职业是工程师，而妈妈是一位十分年轻优雅的女士，在教堂工作，他们还有一个 4 岁的女儿叫做 Emma。他们一家对我的到来十分激动，并且在经过了我的同意后，全程开始了摄影。“我们已经接到她啦。她的英文名字叫做 Eva，中文名字叫做 yiwei，哈哈，我们还是更喜欢她的中文名字。”Bill 把镜头对准了我，我不好意思地笑了笑。

来到了他们的家，我十分震惊，这简直就是建在森林里面的一座古堡。现代风格的装修加上足球场那么大的后院让我合不拢嘴。“这里就是你的家，Eva，欢迎回家！”旅途的疲惫加上那突如其来的惊喜，我已经忘记当时说了些什么。但是模样看起来一定蠢蠢的。在经历了几天的相处后，我们仿佛已经成为了一家人。Bill 一家非常喜欢我，我给他们展示了我的钢琴才艺，送给小妹妹一首中国传统歌曲《彩云追月》，Emma 十分激动，开始喜欢钢琴了。Bill 告诉我，他小的时候作为交换生去过瑞士，在那里他得到了很好的照顾，所以他非常希望将这份爱心传递下去，我这才来到了他的家庭。并且他还告诉我，因为种种原因，他们只有 Emma 这一个女儿，所以他们非常希望我能当她的姐姐，就像亲的姐姐一样。我非常愉快地接受了这个请求，因为我也很喜欢这个小妹妹，我们相处得非常开心。每天晚上我都会给她念故事哄她睡觉，玩“扮家家”的时候，她甚至让我当“小公主”，这可是个极其珍贵的名号呢，因为她给其他小朋友起的名字都是“保姆”“女奴”……总之经过几天的相处，我已经在心里确定下了一点，美国就是我要来留学的国家。

山里很冷，我努力把自己缩成团，但是我绝不会空负流光，为了欣赏更多的美景，依然要勇敢前行，丰盈自己的人生。

没想到惊喜还在后面，他们有一天告诉我说："Eva，我们非常希望由你来当主持人，邀请所有你的朋友和他们的寄宿家庭，我们一起开一场开心的 Party 吧！"我受宠若惊，简直可以说是忙不叠地着手策划这场大派对。我们买来横幅彩带装饰家，并且采购了很多用来做 BBQ（烧烤）的食材，更精彩的是我安排了很多小游戏。不出所料，那一天同学们都过得非常开心，寄宿家庭们也都彼此交流了接待中国小留学生的感受。

这次非凡的旅程，让我和 Bill 一家产生了深厚的感情。从那之后，在大大小小的假期我都会从洛杉矶飞往西雅图去看望他们，还有我可爱的小妹妹 Emma。他们如果在洛杉矶旅行也会到我的寄宿家庭看望我，送来祝福。虽然我们来自不同的国度，有着不同的文化。但是我们相处在一起的时候还是非常愉快的。这让我知道，原来沟通不一定是需要用"嘴巴"，也可以是"心灵"。

丽珊老师说

我们在无意中影响了别人，也被别人在无意中影响。一玮因为 Bill 一家的影响选择了去美国留学；而小妹妹 Emma 也在一玮的影响下苦练钢琴。Bill 在付出爱的同时，也让自己的独生女儿收获了爱她的姐姐！

“你为什么不说话？”

——“问服”比“说服”更有效

有的时候我也会和寄宿家庭发生矛盾，就像上一次因为在学校课外活动的选择就和住家妈妈产生了冲突。事情是这样的，我是一个非常热衷于参加各类活动的人，基本上只要和我的兴趣有关的活动我都要去报名参加，但是在过了一个学期后，我的成绩受到了影响。住家妈妈希望我取消掉啦啦队和戏剧社的活动，我对此非常的不满意。我觉得选择什么样的课外活动是我的自由，而学习成绩的下降也完全和课外活动没有什么关系。但是我的住家妈妈还是一直劝阻我，我终于按捺不住心中的怒火，和住家妈妈大吵了一架。

当天晚上，她端着一杯牛奶来到了我的房间。我心里一哆嗦，肯定又是没完没了的劝说吧？或者是让我主动道歉？没门。我的个性从小就十分倔强，心中早已设防的我一言不发地玩着手机。“你应该尊重我，我和你谈话，希望你不要玩手机。”住家妈妈对我的行为有些不满意。我放下了手机做出准备听她演讲的样子。哼，反正我已经习惯了，原来在家的时候妈妈也

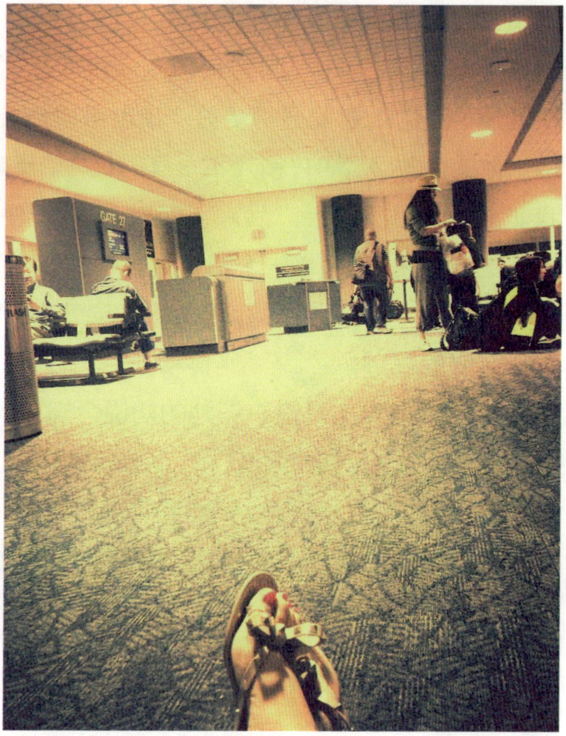

我不是闲着，我是在消化。当然，我真的不是闲着，我将在这个国度，学习知识，学习共融，以及学习如何成长！

对我发过脾气，我就低头听着就可以了。

她一连问了我几个问题，“为什么你觉得我对你的建议是不合理的？”“为什么你已经参与那么多的活动却不能舍弃其中两个活动？”“你不觉得我对你的建议是从对你成绩负责的角度考虑的吗？”真是麻烦，我心里暗自骂道。

“为什么你不说话？”“啊！”我回过神来，为什么不说话？这是一个问题吗？我真的不知道该如何回答，为什么不说话？因为我已经习惯了！从以前在中国学校里听老师的斥责，到在家里和妈妈产生矛盾，我基本上都是呈低头思考状，实际上思绪早已经飞到十万八千里的地方。“你为什么不说话？”她又问了一遍。“因为……因为我不知道说什么。”“Eva，我们都很爱你。希望你能发展得更好，我也希望你能主动和我沟通，说出你的想法，哪怕有和我不一样的地方，我都愿意与你讨论，我非常希望你能说话。”后来，我鼓起勇气让住家妈妈重新说了一遍她的问题，然后每一个都认真思考后说出了我的想法。“你做得很好，Eva。因为你今天晚上学会了如何与人沟通，这是非常重要的”……

尽管后来我还是没有听她的劝说舍弃我的两个活动，但是在日后与人交流的时候，我都会让大脑活跃起来，对对方的问题做出反应，积极地思考问题、回答问题成为聊天的一个习惯。这样好像让我的朋友们更喜欢和我聊天了，我也因此交到了不少新的朋友。

丽珊老师说

一玮给我讲这个故事时，她表情生动至极，我忍俊不禁。在国内面对成年人的训斥，她低头耷脑地像个小猫，摆出认打认罚的样子，但非常遗憾的是她根本没有听进一点点。因为不知道成年人的具体要求，她下次还会在同一个问题上犯第二次错误，这无疑会更加激怒成年人，“明知故犯”嘛，“挑战权威”喽……当孩子犯第二次错误时，成年人就要反思之前的沟通是否有效了。“问服”永远比“说服”有效，因为对方要回答你的提问，所以他必须认真地听问题、思考问题，组织语言给予回应，这无疑对问题的思考就会深刻，如果改变了也会持久。

这是一个阿根廷寄宿家庭，成员们正在忙于感恩节的晚餐。感恩节原意是为了感谢上天赐予的好收成、感谢印第安人的帮助。当然，我现在要感谢动手的朋友们，我又有口福了，隔着老远，就飘过来了烟熏三文鱼的味道。

“我去给你做水饺”

——世界很小是个家庭

在美国有很多中国的超市，其中一家叫作“99 Ranch Market”的应该是华人们最常去的。华人们也亲切地称呼它为“99 大华”。每次走进这家超市我都有种回到国内的感觉，因为超市里面卖的东西琳琅满目、应有尽有。刚去美国的时候，我觉得去“大华”就是一次旅行，每次都能带回家很多好吃的，像“老干妈辣椒酱”“小肥羊火锅料”这种在国内常吃的东西都可以在那里买到。

在一个晴朗的周末，我和我的小伙伴们来到了“大华”为晚上的火锅派对进行大采购。“买鸳鸯锅的还是清汤的底料？

你们宁波人应该不怎么吃辣的吧？”“多买点蘑菇，蘑菇放在清汤锅里面肯定好吃！”看样子我对于晚上的火锅充满了期待。这个时候我突然感觉到背后有个人一直在盯着我看，我假装看背后的商品眼角扫过那个人，是个中国老奶奶。她为什么一直站在那里呢？我又转过头，她还在看我。“奶奶，怎么？有什么不对吗？”我笑呵呵地问她。“哦！哦！没事！我就是看你们太可爱了！想起我上大学的孙女啦！”原来如此。经过聊天我得知老奶奶的孙女在宾夕法尼亚州读大学，老奶奶身边常年没有人陪伴，看到我们和她孙女年纪相仿，自然勾起了想念。“你们是小留学生吧？”我们都不好意思地笑了笑。“晚上没事情的话，来奶奶家啊，奶奶给你们包饺子！”我们都感到非常吃惊和感动，对于刚到美国的我们来说，这真的是一种来自于陌生人的温暖。因为晚上大家都已经提前约好了，所以我们婉言谢绝了老奶奶的邀请，但是热情的老奶奶还是给我们留下了她的电话，“以后没事情，想吃好吃的了，就给奶奶打电话！”老奶奶走后，我看了看手中的纸条，纸条上是老奶奶弯弯曲曲的繁体字，但是一笔一画非常认真，还有一串电话号码。我们在晚上的火锅派对上谈起这件事情都觉得非常开心，也联想起了远在大西洋那边的家里的老人。他们过得还好吗？

又一件事情浮到了心头，记得还在国内读初中的时候，我参加了学校举办的夏令营去了澳大利亚。在那里我认识了Frank一家人，他们是老移民，已经在墨尔本待了几十年，祖籍是上海。当时正好赶上大年三十，前几天晚上我和同行的女生朋友谈心拉家常，没想到她们一把鼻涕一把眼泪地诉说起了自己对家乡的怀念。我才知道原来这是她们第一次离开家人来到这么远的地方过年，国外相对于国内过年的气氛来讲没有那么浓，安静的夜色勾起了她们对国内亲人的想念。我和Frank一家人说明了这个情况，他们非常热情地邀请了我的朋友们来家里过年，并且还告诉我说给我们准备了一个小小的惊喜。大年三十的晚上，我们几个中国学生围在晚餐桌边，“相互取暖”。这时候，Frank的妻子端上来了一大盘红烧肉。我们都惊喜不已，已经吃了几天的西餐，再吃到家乡菜的时候就好似路遇几年不见的老友般开心。一个女生吃着吃着甚至流下了幸福的眼泪，“这是我吃过的最好吃的红烧肉了。”大家都笑她。那是一个幸福的不一样的大年三十夜。

这每一份来自于陌生人给予的温暖，后来都成了我坚强走在留学路上充满动力的源泉。在学校如果见到新来的陌生的中国面孔，我也会开心地走上前去问候两句，如果能提供帮助，心里就会更开心。有时，送出的帮助远远会比自己想象中的更加充满力量！

丽珊老师说

身在异乡为异客，个中滋味只有自己知道。付出爱和接受爱同样需要智慧。可爱的一玮像个小精灵，将快乐的元素释放给周围的人。爱在沟通中传递。

电影课的同学们集体留影，拍摄和制作专属于我们的小电影。为了它，我终日沉浸在巴赞的《电影是什么？》以及蒙太奇理论的研究。

为老师鼓掌的学生

——无论何时何地，
学校里都有一位老师会帮助我

我有一位可爱的健康课老师。他是墨西哥和美国的混血，20 岁出头，同学们都觉得他长相酷似贝克汉姆。他的教学方式十分“美国化”，经常会在课堂上面大呼小叫，动作表情都十分夸张。我们的健康课程分为两部分，第一学期上身体的健康，第二学期上心理的健康，这门课也是必修课。

他经常会用一些搞笑的创新的形式来传授知识。就像有一次在心理课上，我们学习一个新的词语，“Denial”（心理学上的拒绝接受，拒不承认）。为了让大家更透彻地懂得这个词语，老师把大家分为了四个小组，任务是表演一个小型故事剧。大家可以自由编排故事和分配角色，但是需要表现出其中一个角色“Denial”。我们的小组有三个成员，角色分别是：一对年轻的夫妻和一个很有经验的老医生。我充当这个老医生的角色，我们花了十五分钟的时间编排了这样一个故事：妻子在上班的路上接到医院的电话，当她赶到医院的时候，医生已经宣布她的丈夫遭遇车祸不幸身亡，拒绝接受现实的妻子非常愤怒，和老医生争吵，并且要求老医生把丈夫还给他。老师对于我们的表演非常满意，觉得我们领悟到了“Denial”这个词语的含义。

老师还会经常鼓励我们参加各种活动，他说到了大学也是如此，要尽可能地参加各种社团。他曾经在课上告诉我们说：“因为你们还很年轻，还有很多的机会，也许你觉得冰球是一项你从未听过的活动。但是这项活动存在就必定有它的意义，也有很多人享受在其中。如果在大学里面有这样的机会，你会去把握吗？你会愿意去尝试自己不会甚至从未听过的活动吗？也许一个星期的时候你感到非常无聊，但是也许过了三个月半年，你就成为了一名专业的冰球运动员。”他的那节课给了我非常大的影响，他的话也都深深地刻在了我的心里。在快下课的时候，他顺口提起学校的戏剧部正在筹备一场新话剧，感兴趣的同学可以去尝试。正是因为他的一席话，让我鼓起勇气去参加了话剧的面试，结果我很意外地入选了，并且分配到一个很重要的角色。第二天上课的时候，他以略带玩笑的口吻自言自语，“我想可能没有人去参加话剧社的海选吧，或者说真的有人参加了的话你可以现在站起来。”我很自信地站了起来，他的神色从诧异转到了欣慰。“Eva，我也想过你可能去尝试！”“我不仅尝试了，而且成功了！”我非常庆幸自己去参加了新话剧的面试。

在下课的时候，我走到了老师的面前致以感谢，“我觉得您的课给我带来了很大的影响，并且我觉得这节课在我们的人生中起着很大的作用。”“Eva，首先谢谢你对我课程的肯定，我也看到了你身上的潜力，你一定可以作为国际生在这所学校发展得很好的！”从那次愉快的交谈后，我和这位可爱的健康课老师成了很好的朋友。有的时候我会在午饭时去和他聊上那么几句天，有的时候是关于学校的上课感受，有的时候他也会对我未来的发展说些看法。总之，他成为了我在这所学校里面的“安全感”。

做一个可以及时给老师“鼓掌”的学生，有的时候你的一句感谢或者认可的眼神，其实是对老师莫大的肯定。不同于“拍马屁”，“鼓掌”是一种发自内心的感恩和赞同。老师也和我们一样时常需要一些小小的鼓励。这种良性的愉快的师生相处模式，也在我未来的留学道路上起了不小的作用。

丽珊老师说

人与人之间的情感是互动的，你希望老师认同你的前提是你要先认同老师。许多学生误认为老师是钢筋铁骨，无论面对学生什么样的态度都可以承受，或都应该保持对教学的极大热情。其实真的不是，我做了二十多年教师，教过的班级数不胜数，有一些班是我喜欢至极的，在这些班上课对于我来讲是一种享受，我会讲很多很多延展性知识。为什么呢？因为这些班有个共同的特点就是有像一玮这样的学生，上课时她会全身心投入，与我互动；下课后她会与我分享上课的感受，为了这些"知音"，我也会讲得更丰富、更尽力……每次结束课程的时候，我都会和全班同学说："你们受惠于这些同学，是他们鼓励了我，让我更愿意将知识倾囊而出，同样上这门课，你们比别的班的同学额外知道了更多，而这些不需要感谢我，你们要感谢的就是这些鼓励老师的同学……"全班同学会给这些同学鼓掌！

在上帝意旨下的婚礼

——信仰使相爱的人走入婚姻殿堂

在参加教堂的"Youth group"的时候我认识了两位好朋友，Andra 和 Judy。Andra 是一位 19 岁的墨西哥籍女孩，她比我大不了两岁却显得格外成熟。Judy 是一个热情、开朗的阳光男孩，和 Andra 一样大。在山上参加教堂活动的时候，我碰巧和 Andra 住在一间屋子，给我印象最深的是她一头波浪一般的褐色长发和她祈祷时认真的表情。她是一位非常有领导才能的女生，在这个少年组织中担任着组长的职务。她工作的时候非常认真，对每一个人都很好。晚上在宿舍的时候，

Andra 送给了我她最爱的戒指糖，看着她可爱满足的样子，我真怀疑组织大家活动时的那个女生，是不是她？

每天早上 Andra 都会带领女生们来到森林里面祈祷。天刚蒙蒙亮，森林里面也是雾气重重，但是当从大树中间折射过的阳光映照到 Andra 的脸上时，我觉得她真的是一个美丽的天使。她闭着眼睛感谢上帝给大家带来的一切，并且帮每一位女生祈祷。每到一个女生面前，她都会蹲下来，扶着她们的肩膀，默念着祈祷词。她让我们把心中想对上帝说的话写到一张纸条上面，最后放在一起烧掉。晚上的时候，她也会为大家做晚安祈祷。

Judy 是男生们的组长，他有着一头金色短发，脸上长了很多青春痘。他给我留下的印象是，积极和激情。他希望每个人都可以喊出自己心中想对上帝说的话。“你们要像我一样！爱就要大声地喊出来！”他使劲地上下跳，大声地祈祷着心中的念想。

细心的女生都发现了一个问题，Andra 和 Judy 之间好像存在着一种微妙的关系，女生们都比较八卦，在晚上回宿舍的时候。我们问 Andra 是不是喜欢 Judy，她很不好意思，但是告诉我们，“他很不一样，他充满热情，并且对上帝非常忠实。我想也许我喜欢他。”

一年后，我听说了他们将要结婚的消息。再次见到他们还是在教堂，Judy 搂着 Andra 和我打招呼，从远处看他们就像是一对年轻的夫妻，“Hey，Eva! 好久不见，你看起来还是那么有个性！”Judy 和 Andra 走过来和我拥抱，我真的非常吃惊他们这么小就即将举行婚礼，但是我想这就是神的意旨。他们在一起的时候甜蜜可爱，两人分开的时候都很独立能干。我很欣赏他们这种相处模式。

我的表姐和姐夫的相处模式也很有意思。姐夫是在美国长大的中国人，身上的ABC味道很浓重，印象很深刻的是他们在结婚前夕准备了一本图画书，是送给我表姐的妈妈的。这本册子的封面上写着，“世界上仅此一本”。书里面是他们一路走来发生过的所有趣事，每一张照片的底下都附着一行文字：“圣诞节他做给我的cupcake”“我们一起去海边”“长颈鹿妹妹和大象哥哥”……书中有很多这样有意思的小标题。字里行间充满幽默感，但是每一张图片后面的故事都非常感人。他们平时在一起，就像朋友一样，参加社会上很多有意思的活动，并且过着环保的、有创意的生活。

我身边的这两对年轻夫妻都有着他们自己的故事，但是可以看出来的是，在美国不一样的婚姻观念，自由、平等、相互尊重的婚姻就是和谐的婚姻。Andra和Judy有着共同的宗教信仰和兴趣爱好，我相信他们在两个人的世界里，一定有着甜蜜的故事。

丽珊老师说

一玮是一位12年级的学生，她在美国将近三年，经历的事情真的是太多太多。她善于与人交往，和许多本来仅仅是一面之缘的人成为朋友，被邀请进入他们的生活，她的亲和、善良、擅长沟通使她的人生无限制地加宽加宽。不同社会文化背景在婚恋中的体现最为明显，两位年轻人走入婚姻，无论年龄大小，只要心智成熟就够了！

一对正在进行婚礼的夫妻，他们的脸上洋溢着春天般的温暖。为他们送上中国的祝福：死生契阔，与子成说。执子之手，与子偕老。

“好像你的屋子就是你的家”
——融入寄宿家庭并不难

刚进入美国的寄宿家庭的时候，我很怕走出自己的房间，很多时候宁愿在屋子里面的网络世界，也不愿意出去和家庭成员喝杯咖啡聊聊天。虽然在进入家庭的第一天，“妈妈”就告诉我说，一定要把这里当成家，沙发、客厅、厨房都是我的家。但是我似乎还是只把自己的房间当作一个安全地带。

有的时候自己也很纠结，因为在屋子里待太久了也会头疼，总是面对着电脑有时候也不知道该做些什么。我的很多同学也有着和我相似的烦恼，还有很多同学把这称为“寂寞的味道”。

记得一次寄宿家庭的妈妈敲开了我的房门。“Eva，我可以进来么？”我把床让给她坐，自己坐在书桌前。“Eva，你把房间布置得真可爱，怪不得这么吸引你！”她环顾四周看了看我贴的小熊壁纸，当然我也体味出了她的话中话，她对于我每天待在自己房间也有些许不满意。“Eva，我们都有些担心，你好像只把自己的屋子当成了你的家，你知道么？上次我一回家看到你坐在客厅的沙发上喝橙汁有多开心。你需要扩大活动范围！”她略带开玩笑地和我说道。“那么，今天晚上出来和我们一起看一部电影吧！”我点了点头。

一大家子人一人一个毛毯，面前一杯橙汁，我们开始看起了电影《杀死一只知更鸟》，我用余光偷偷地看了大家，妹妹和弟弟依偎在一起，“妈妈”的头也靠在“爸爸”的肩膀上，我被这个温馨的场面感染了。放松了身体，喝了口橙汁，静静地欣赏起了这个讲述自由和公平的老电影。从那以后，我们每周末都会开展一个“电影夜晚”，一家人靠在沙发上静静地享受这个美好的家庭时光。

我还有个朋友就因为不能适应和寄宿家庭的相处，而选择自己搬出去住了。他是一个在国内的时候就很叛逆的男生，由于语言不好，他甚至可以说是很“封闭”。从来都是自己一个人待在房间里，因为好像这样才可以拥有自己的一块小空间。每次需要去洗手间，必须要走出房门的时候，他就会觉得很

圣诞节，美国人最为重视的节日，我们相互交换着礼物。在这个节日里，与我的美国亲友们结下一个美丽的圣诞结！

紧张，因为又需要“出去应酬”了。家里面每次开大大小小的Party的时候，他都会借口有事，躲在朋友家几天。因为他不能面对寄宿家庭其乐融融的气氛，他觉得每当看见他们家人那么开心，都是像在演给他这个外国学生看。因为在国内的时候，父母工作都很忙，他已经不知道怎么一下子面对这一大家子人了。“家庭”这个词如今对于一些中国孩子来说已经有些陌生了。大家都是常常一个人在家一待就是一天。这样的情况造成了很多同学无法直视别人的快乐。

在美国，人们对于“家庭”的观念是很重的。商店都会早早地打烊，到了晚上街道上也很少看到行人。大家都在家里享受着“家庭”的温暖。我想这也是很多留学生心里最渴求的一件事情。但是如果能调整好自己的情绪，学会如何融入这个温暖的大家庭，那么我们也会收获一份来自“亲切的陌生人”的不一样的温暖。

丽珊老师说

欧美人的家庭观念比我们要重得多。一般商店在下午五六点就会关门，大家都积极地赶回家，享受壁炉、沙发、客厅、美食去了。每到周末城里基本都空了，高速公路上都是开往郊外、海边的车，小轿车后面挂着的小卡车上面放着类似于游艇呀什么的大玩具，一家人要享受周末在一起的美好时光了。

小留学生到了寄宿家庭要尽力地融入，留学本身就是体察当地的民情、民风、民俗……

一杯低脂咖啡，是最美好的早餐。今天，我起了一个大早，不辜负美好的清晨，更不辜负美好的青春。

第七章

如何优雅地融入环境

敢拼才能赢

——把自己当做美国学生中的一员

学校里冬天和春天都会分别有一场话剧表演，而想参加这个表演的同学需要准备一段一分钟的独白，和一段五分钟左右的个人才艺展示。

我印象非常深刻，那是来学校的第一个星期，还不熟悉学校的我们被老师带往各个教室去了解校园生活。我们的心理课老师带我们来到剧院，那是我第一次走进那里，刚进去就被舞台、灯光等各种设备所吸引。从小就对传媒十分有兴趣的我睁大了眼睛看着周围的一切。老师慢慢地介绍着戏剧这门课程，似懂非懂的我却抓到了一个非常重要的信息：学校在下个星期会有一场海选，选拔出五名演员排演一个话剧。下课后，我又去老师那里二次确认了这个消息的准确性。这个时候我的心里暗暗发誓：我一定要参加这个演出！身边的同学们都认为我疯了，简直自讨苦吃。“学校那么多外国人，干吗要选你啊？”“你连英语都说的不是很好，怎么背台词本？”各种怀疑和嘲讽在我身边像风一样盘旋，但是当我心中的小太阳升起来的时候，风和日丽。

我从网上节选了一段教外国人中文的搞笑视频作为我的一分钟独白，而才艺展示我选择的是一段 ukulele 表演，我想象着自己是夏威夷海边一名胖胖的大叔，手举着一个小吉他随着音乐跳舞。在我结束的时候，听到老师说了一句："Good job，Eva!"（演得不错，Eva!）。一个星期后，剧院大门演员表上粘贴了我的名字。同学们都觉得不可思议，定睛细看，我被安排的角色是一个西班牙男孩。选中的五个演员中只有我一个中国人。我并没有很在意，因为我对自己的表演充满了信心。

但是在接下来的过程中，我的自大被困难打到了夏威夷海滩上。英语的困难加上背台词的辛苦让我有点后悔接了这个苦差事。但是剧组的人们对我都很鼓励，老师从来没有埋怨过我的小错误，每次剧组同学聚餐时，大家都友好地和我聊天，大家在短短几个月中变成了一家人。正式演出的那一天，正好我父母从中国过来度假，我充满了信心，结果像我预料的一样好。结束演出走出大厅的时候，还有几个韩国男孩子在等我合照，妈妈很尴尬地看了看爸爸，我大方地走了过去，摆了一个酷酷的姿势，"cheers!"（"茄子！"）

《歌舞青春》中有一句台词，大意是“我们抛开又一个炎热的夏天，这里是阿尔布开克市，因此，在这里你会感到很舒适，呼吸新鲜空气，跟夏天问个好吧！”所以，我舞队里的小伙伴们，不论国籍、年龄，尽情地跳呀跳，享受着这个美妙的夏天！

丽珊老师说

看着一玮这篇文章，她活灵活现的样子浮现在我眼前，敢拼才能赢！在国内就知道外国的课程丰富多彩，令人向往。但身在其间你会真的享受这种教育吗？我们最难以走出的不是外在的界线，而是我们内心深处某些根深蒂固的东西。

不要去做小丑

——自我形象的建立

Antonio 是我们学校新转来的一位巴西交换生，我是他在学校里面认识的第一位朋友，但是现在我们已经形同陌路。记得当时听说学校里会转来几个巴西交换生，大家都感到十分兴奋和期待。转来的有四个男生和四个女生，男生们大多长得非常帅，就像常常能在电视中看到的足球明星一样。女生也都个个一米八的个子，金黄的头发和黝黑的肤色更衬托出她们独特的气质。但是在这其中，Antonio 则是一个格格不入的奇葩，不仅个子矮小，而且长相平平，走路还扭来扭去，完全散发着一种“娘娘腔”的气息。

珍惜你遇见的每一个人，他们身上有很多你未知的故事，而你从这些故事中将学到更多。当然，学校里面还是会有怪异的同学，就像这位，你在梦些什么呢？

第一次遇到 Antonio，是在学校里的 cafeteria（餐厅）。我们大家都在排队买饭，Antonio 站在我的前面，一会看看手机，一会环顾四周，显得很不安。“Olá !com vai!”因为我小时候在南非生活过几年，所以会讲一些葡萄牙语，我和他打了个招呼。“你在和我说话吗？”Antonio 转过了头来，很开心地看着我。当我得知他每天都一个人吃饭的时候，我邀请他加入我们“亚洲女生饭桌”，他感到非常开心。

在相处了一周的时间后，我发现了他的一个毛病，就是“开玩笑”。而且他的玩笑很不一般，经常会和女生开一些很色情的玩笑。对于本来就比较保守的亚洲女生来说，这简直是太荒唐了。于是很多人开始慢慢讨厌起他来了。有一次我们又去餐厅一起买饭，我却看到他没有排队，直接默默地走了出去，没有交饭钱。我感到很奇怪，问他，“Antonio，你为什么不付钱呢？”“嘘，只有傻瓜才会付钱吧！”像这样的情况发生过好几次，他都逃了过去，但是有一次他不付钱被学校的保安看见了。于是学校对他进行了处理，从那以后我开始和他疏远了。

后来，他因为各种“猎奇”的表现，成了学校的“大红人”。比方说他在学校的圣诞晚会上大跳性感的肚皮舞，引来同学们的阵阵大笑。在学校女生邀请男生的舞会上，他当众跪在地上邀请一位男生和他跳舞，他夸张的举止简直让美国同学感觉太刺激了，喜欢刺激的美国同学总是鼓励他做出各种各样的“糗事”，在同学的爆笑中他找到了自我存在的价值。他就更有恃无恐地表演开来……

自从他成为学校里的“红人”以后，我再也没有和他说过话。我的感觉就好像在舞台下面看一场闹剧，而他正是这场闹剧的主角。和我一起共同看这场闹剧的人，有嗤之以鼻的，有鼓掌叫好的。但是这位主角就像一个小丑，用自己夸张的行为方式来赢得观众们的掌声。他的“受欢迎”也就像是一个泡沫一样。他变成了同学们生活的调剂品，当感到平淡无聊的时候，有人就会鼓动他做一些奇怪的行为。我想，受欢迎的方式有许多种，但是只有健康向上的，才能够持久永恒。

丽珊老师说

我真的为小伙子捏一把汗：你不会总是中学生，你终将长大存在于这个社会，而你现在的同学就是无法刷新的人脉圈子。你是一言九鼎、可信赖、可合作共事的男子汉，还是供大家娱乐、毫无尊重可言的小丑都从你此时此刻的行为开始确立。我赞同一玮的选择，考察一个人的品位从他身边的朋友是什么人就能够看出端倪，为什么要让这样的人成为自己的参考系统呢？

“我喜欢你的自然”

——民族的才是世界的

来美国之前，很多家长都会给同学们灌输这样一种理念，“要多和外国人玩！”讲着讲着，同学们自然也会在心里想：是啊，要多和外国同学接触，不然干吗来美国啊？相信这也是很多因为学校华裔多而转学的同学的想法。我刚开始去学校的时候也是带着这样一种想法的。很多时候哪怕是和外国人谈论一些有的没的东西，也不愿意和中国同学讲心事。记得有一次我和一个美国女生谈论中国人的饮食习惯，我可以看出她并不是特别的感兴趣。但是为了能够多聊几句，我不断地开启新话题。这个时候，另一位美国女生走了过来，“Hey，Kelly！要不要去买包薯片！”两个人开心地走开了，留下了呆滞的我站在原地。很多时候这种“故意搭话”的感觉真是让人受够了，但是每每想到父母在出国前给我们灌输的“多和外国人玩”的想法，我就忍下了每一次的落寞和深深的孤独感。

后来随着自己的成长，和在国外待的时间越来越长，我产生了一个新的念头：其实西方文化固然好，非常刺激新鲜，带给了我很多不一样的感觉，但是让我始终如一着迷的却是传统的中国文化。吊带背心、牛仔短裤让我感受到沙滩阳光的惬意，但是旗袍带给我的魅力却是恒久的，更值得回味的。

后来每当学校组织一些节日活动的时候，我都会穿上自己的小旗袍，我觉得那才是能表现出我个人特色的服装。而每次和朋友出去唱卡拉 ok，我也都会点上几首邓丽君的老歌，尽管被笑话，但是自己却乐在其中。

Jack 是我的一个阿根廷朋友，他在校园里是典型的高富帅，周围有许多许多女生追捧他。有一次一起参加一个 Party，之后，他突然把我拉到一边说道：“Eva，I have something to tell you.”（Eva，我有一件事情要告诉你）我还沉浸在派对的喜悦中，敷衍地问他，“What?”（什么？）“I like you!”（我喜欢你）“Oh，let’s go get some drink! Wait，what? What did you say？”（好，我们去拿点饮料。等下！你说什么！）我以为是音乐太大，自己听错了。“I said I like you.”（我说我喜欢你）我一下震惊了，不敢相信自己的耳朵。

我不明白为什么，不是感到不自信，而是搜寻不到一个被他喜欢的理由。

晚上回到家以后，脑袋里面总是回想起他说的话，我喜欢你，因为你和别的中国女孩不一样，你非常自然，有自己的特色。你很自然，跟你在一起不会有演戏的感觉。我关掉手机，笑了笑，心里想：哈哈，不知道和阿根廷人谈恋爱会是什么感觉？当然这只是留美路上的一个小小插曲。但是我由此明白了一个道理：保持自己的特色，自然会吸引到和你有相同兴趣的朋友。

丽珊老师说

认识一玮是在她初中二年级时，这么多年过去，她给我印象最深刻的就是从来“不演”，哪怕有时偶尔的“演”会老少通吃，但她始终忠于自己的内心。读着一玮的文章就使我联想到很多学生一决定出国就马上“攻略”一下，唯恐自己“去除中国化”太慢了被老外拒绝，为此在成为香蕉人的路上迅跑，生怕被人家看出来曾经是中国人。试想一个对自己本民族文化持全盘否定态度，东施效颦般地演“欧美”范儿，你能比纯欧美人更欧美吗，多傻呀！多假呀！真实些，你省事，人家也有耳目一新的感觉，真正赢得周围人尊重的不是你的国籍，而是你的性格是不是让别人乐于接受。记住：“民族的才是世界的。”

妹妹 Emma 是一个可爱淘。那一年，初相遇。彼此，淡淡的微笑。没有太多的语言。不知是羞涩，还是不识！后来，时间久了，我们都住进了彼此的世界！一起哭，一起笑，一起闹……

“我只和外国人做朋友”
——成就焦虑让我们变得异常功利

相信许多来美留学的同学们，心中都有过一个念头：我只和外国人玩，一定要融入他们的圈子。也许你在考虑出国留学的原因，也许你想多锻炼口语，也许你想早日融入美国社会。这都可以理解，但是，问题在这里：什么叫“外国人”？什么叫“圈子”？或者又是什么叫“主流社会”？有时候不弄明白这些问题，反倒会成为你交友方面的一块绊脚石。

我第一次和 Lydia 接触是因为一次课外活动。记得当时我在忙着给小朋友们指导做小蝴蝶，“Hey, nice job! ”（做得不错！）我抬起头看到一个黑色披肩发、个子高高的女孩。“哈哈，没什么，很简单。”我回答道。“ I tried it, is not really easy job to do! ”（我试过，这个工作不是那么容易做的）

只是简短的一段对话我们便各自忙去了，许久以后在一次小 Party 上，朋友问我，“Eva，认识 Lydia 么？”我搜索了一下脑中的片断，回答道：“有什么关于她的吗？”“她真的很奇怪，从来不和中国人玩，而且和中国人也只说英语，真不知道有什么好臭显摆的。”

在那次 Party 以后我开始稍微关注了 Lydia，发现她真的和朋友说的情况一样，对外国人非常热情，而一有中国人过来说话，就稍微用英语敷衍几句然后匆匆离开。我对此非常好奇，想弄明白是什么导致她产生只和外国人玩的想法。于是我开始慢慢接近她，也介绍了很多外国朋友和她一起玩，她才开始不那么拒绝和我说中文。

“Eva，其实我也很累，有的时候和外国人交流没有话题。但是我也是有苦衷的，我父母没有那么高的收入，花了那么多钱送我出国学习，我天天和中国人玩，怎么学英语？”我想了想，觉得她说得也有道理。“你看，你们家庭条件都不错，上完大学可以自己选择今后的道路，但是我呢，我得为我家人考虑。没有一口流利的美式英语，我怎么进入这边的社会，怎么找到好工作？”我没有继续说下去。

那天晚上我给 Lydia 写了一封信，用英语。内容大概是，希望她能够在英语上取得进步，并且愿意做她少有的可以理解她的并且用英语交流的中国朋友。

其实，很多人认为只要是金头发、蓝眼睛的人就叫外国人。

但是我认为，只要是在美国环境下成长的，行为价值与之相符的，都是外国人。很多人都说，美国是个 melting pot（大熔炉），它接受所有的文化。举个例子：一个在美国的中国人放弃说中文，这就是与美国精神相悖的。换句话说，主动放弃自己民族特点的，都不是美国精神。美国的德裔、犹太裔，乃至爱尔兰裔，都是极度为自己民族骄傲的，美国很多地方过 St. Patrick's day（爱尔兰传统节日）。对于一个好美国人来说，在保持自己特点的同时另一个重点是要主动加入游戏，学习了解社会的游戏规则，并为自己争取权利。

所以，我们不能简单地把“外国人”当成一个整体，就像是在中国，每个人其实是各有特色的。一定要在尝试融入的同时，保持自己的特色，不要刻意去“融入”任何一个圈子，不然会很尴尬，就像你问一个美国人：“你玩过三国杀吗？”他一定会感到很诧异，反之亦然，我们可能不知道美国人小时候看的动画片，不知道他们喜欢的球队，喜欢玩的游戏。

保持自己的特色，别人欣赏了，才会愿意平等地和我们交流。既有共同语言，又有共同利益，才是融入了。这个世界是我们大家的。说到主流社会，其实我认为应该是一个文明、和谐并且没有歧视的人性化社会。主流社会不过是移民团体中出现的一种抽象的无法用语言表达的虚幻的意识形态而已。当我们把等级差别概念从心中扔掉，谁还会去在乎融入主流社会呢？

美国，特别是今天的美国，是一个包容的美国。我相信每一个在美的中国人，都会最终找到自己喜欢的和想要的。

通过这件事，我想像 Lydia 这样的同学肯定还有，为了突破自己的语言关遇到很多困难，而且因为情况比较特殊，所以比起其他同学，她们需要付出更多努力。但是我想，在择友问题上，还是需要选择与自己性格相似的朋友，不能仅仅因为学英语而随便交朋友。我相信，友谊绝对与国籍无关，世界大同，我们总会找到属于自己的知心朋友。

丽珊老师说

心理学家皮亚杰认为，智慧的本质从生物学来说是一种适应。它既可以是过程也可以是一种状态。人是在不断变化中与环境取得平衡的。在适应的过程中积极的适应是为了“征服”；而消极的适应则是“同化”。

每位去留学的孩子使命不同，内心感受自然也不一样。肩负着光宗耀祖使命的孩子会有强烈的成就动机；为了拥有国际化视野，接受不同文化下教育的孩子则更加从容；给自己的简历镀个金边则会因为过于轻松而迷失了前进的方向……智慧的父母会和孩子订立一个明确的人生方向，鼓励孩子坚守生命的承诺，而在具体的为人处事中则保持适度的弹性，这样不仅拥有前进的功能，更能营造良好的人际氛围，构建有力的心理支持系统。一个孩子在异乡求学，如果失去了同伴的接纳是非常可怕的。

“我只吃中国饭”

——拒绝接受外界信息的男生

学校里有这样一位“怪男孩”，说他怪是有原因的。他总是独来独往，很少和人交流，学习成绩也一般，我非常好奇他课外时间都忙些什么。听同学说他来自温州，家庭条件非常不错，而且他对他爸爸的崇拜可谓达到了顶峰。

有一次我去他的寄宿家庭找他的室友补习数学，那是我第一次在学校外面见到这个“怪男孩”。到他们家的时候，我跟他打招呼，他没有理我。补完课之后，我邀请他们一起去附近的“pho 店”（越南河粉）吃午饭。“不去！”是那个怪男孩的第一反应，那位给我补习的同学告诉我，不要勉强他了，因为他除了中国饭菜什么也不吃！我感到吃惊和不解，那他平时在家的时候吃什么呢？为什么他会有只吃中国饭的想法？一连串的问题涌入脑中，我决定把这个问题搞明白。于是我再三邀请那位怪男孩加入我们，我告诉他不吃也没关系，坐着聊聊天也好。

当我们走入这家越南河粉店后，真是香味扑鼻。我觉得这个怪男孩一定也饿了，就建议他尝尝这种牛肉粉。但是他死活不点餐，“我爸爸也不喜欢吃这些乱七八糟的东西。”于是我和另外一个同学一人点了一碗粉，等粉上来后，我看他一直往我们的碗里看。“你就尝一口，也许你会喜欢呢？不喜欢吐掉就是的啦！”在我一而再、再而三的“逼迫”下，他尝了一口牛肉粉。他的脸上没有表情，嘴巴也没有拒绝。我想他是爱吃的，于是我帮这个“怪男孩”点了一碗和我一样的牛肉粉，这时的他并没有说“不”。牛肉粉上来后，我们谁也没多说什么，最后他把这碗粉吃得干干净净。边吃饭边聊天的过程中，他一直在用“我爸爸说……”来作为每句话的开始，我想我找到了他各种怪异行为的源头。

像这个“怪男孩”一样的同学在留美队伍中一定还有不少。他们是国内家长老师眼中的“乖孩子”。我爸爸说的我就要听，

话剧《heartbreak（心碎）》，景中的我，虽醒梦迟人消瘦；情中的我，丰盛的内心让我更加强大。每一次历练，都是一种成长，不是吗？

这是他们心中的“支撑”。只要不违背自己家人说过的话，那就是对的。在这样一种心态下，他们逐渐养成了“固执”“不尝试新鲜事物”的习惯。

那天之后，我经常半开玩笑地对这位“怪男孩”说：“牛肉粉还不错吧！”他虽然还是不说话，但是我想在他的心里一定也逐渐接受了除了中国饭以外的一些菜肴了。后来还听朋友说过在学校附近的“pho 店”看见过“怪男孩”的事情。我在心里偷笑着，我这可立了个大功，让他在找不到中国饭店的时候还有了另外一个不错的去处呢！

我希望身边越来越多的“怪鸟”们能够在听父母话的同时，有一些自己的主见。因为在人生漫长的道路上，我们自己，才是主角。

丽珊老师说

有些孩子的父母在某一领域比较成功，又善于在孩子心目中树立“神”的形象。遇到事情，孩子不愿自己思考，一切听父母的准没有错，由此失去了独立生活的能力。这样的孩子年龄小的时候因为听话而比较好带，但随着成长，他们所遇到的事情一旦超出父母可掌控的范围，父母给予的建议不再屡试不爽时，这些笃信父母的孩子的信念系统会面临坍塌的局面，孩子将会无所适从。父母要逐渐地放开双手，给孩子接触环境的机会，并指导孩子学会选择。

我们爱你，融入宗教

——悦纳自己，悦纳世界

在我小的时候，妈妈是信仰佛教的。印象尤其深刻的是每年妈妈都会带我回到家乡的寺庙参拜，因为她说我是求佛求来的。姨们还会买一些佛的吊坠之类的东西送给我，总之在我的脑海里，信仰是一件既神秘又神圣的事情。

第一次到美国寄宿家庭的时候，家里的“爸爸”告诉我他是Pastor，我拿起字典查了一下，一个叫牧师的词第一次让我有了印象。后来他滔滔不绝地给我讲起了《圣经》里的故事和上帝的伟大。我似非似懂地听着，但是出于小时候留下的佛教影响，我并没有立即接受他带我去教堂的邀请。他也没有生气，只是隔三差五地会给我介绍一下关于基督教的事情。

最终在他隆重的邀请下，我第一次正式来到了美国的教堂。这里和我想象的并不一样，想象中教堂一定和庙一样，郑重地挂着各种宗教物品，人们小声窃语，生怕影响了宗教严肃的气氛。走进教堂，一位老奶奶和我亲切地打着招呼：“Hey dear, you look so beautiful!”（小姑娘，你看起来真漂亮！）我害羞地拉了拉裙角，但是紧张的心放松下来一点。她拉着我的手和我拉起了家常，聊着聊着，气氛变得很和谐。老奶奶很幽默，她说你不要紧张，你长得这么漂亮，上帝一定会原谅你做的所有错事。紧接着，开始了周日的礼拜。突然响起的摇滚乐吓了我一跳，大屏幕降下来开始放歌词。原来这就是唱诗了！可是……印象中的唱诗班明明是大家手捧歌谱，站姿整齐，身穿长裙啊。身边的人慢慢举起了手就像要迎接什么东西一般。刚才那个老奶奶在前排跟着音乐跳了起来。这一切，完全颠覆了我的想象。在唱诗、《圣经》讲读、祈祷后，我们起身回家，但是在出去的路上，遇见的所有人都会微笑地走过来和我打招呼，并且和我说几句家常，知道我从外国来留学后，还有人说如果我需要帮助，可以给他们打电话。

回到家，我像是刚从另一个世界回来，之前对教堂的各种胡思乱想一瞬间全部消失，我敲开室友房间问她："嘿，今天我去教堂了，真的很好玩，下周一起去吧！"她头也没抬，继续敲打着键盘："我不去教堂，我爸是信佛的。"

还有另外一件事情在我的宗教信仰上面有着重要的意义。那是一次"youth group"的旅行，我随着住家爸爸来到附近的山上参加教堂举办的聚会，是一场为期三天的旅行。刚到山上的时候，我感到很紧张很拘束。面对着全新的宗教气氛和不熟悉的面孔，我胆怯地坐在一边，但是有很多同龄甚至比我还小的同学都会主动走过来和我打招呼，慢慢地我也和大家熟络了起来。每天晚上大家都要在教堂中祈祷唱歌听《圣经》，白天的时候在山上有各种活动，有的同学去滑雪，有的同学玩滑板。在一次晚上的聚会中，牧师邀请同学上来分享心得，万般犹豫后，我大胆地举起了手，上台讲述了我与基督教的渊源。话落，掌声雷动，甚至还有牧师留下了感动的泪水。他们觉得一个花季少女选择来到一个陌生的国家是一个非常大胆的决定，而我与上帝的缘分也让他们触动很深。那天的晚会结束后很多人走过来告诉我，“我们爱你！ Eva!”我坦然地接受了来自这些“亲人”的爱，也和他们成为了好朋友，在那次“youth group”的旅行后，我又相继参加了两次这样的聚会。

在留美过程中，“走近基督”“走进基督”成为了我很多动力的来源。

丽珊老师说

宗教信仰的确是一件大事情，不是所有的中国年轻人都能接受有宗教信仰的，也不是所有的父母都能同意孩子有宗教信仰的。如何考察一个信仰是否好，我个人的观点要从几个方面考虑：一是历史，经历了几百年、上千年的岁月依然被大众所接受；二是信念，让人心怀感恩、有所敬畏、遵守社会道德和行为准则，善待自己、善待他人、为社会的进步做贡献；三是平等而正直，教友之间的关系是平等的、友爱的、没有被物质因素所玷污的。一玮的住家爸爸是牧师，在一玮的眼中，他是一个品德高尚的人，对周围的人充满了悲悯，愿意全力帮助别人。一玮认同了住家爸爸，同意去教堂，而教堂里教友的友善使她下定决心成为基督教徒。每周的礼拜使她接触到各行各业的朋友，扩展了视野，获得了成长。她更好地认识美国，更好地接纳自己，接纳周围的人，接纳世界。

回国还是留在美国

——顺其自然最好

留学生们时常会讨论到这么一个话题，“毕业了是留在美国还是回国呢？”可以说这两个选择都有投赞成票和否定票的。讨论这个问题当然无可厚非，但是如果过早地对此做出决定可能会影响我们在留学路上在“对的时间做一件错误的事情”。

就像很多在刚开始就产生“毕业后回国”的想法的同学，他们相对于以后要留在美国发展的同学来说，就更加封闭。仿佛“回国”就成为他们的退路，不和外国人接触，不学习国外的文化就找到了一个冠冕堂皇的“借口”——我以后反正都要回国，学这些用不着的东西干吗呢？学好英语就可以了吧。在这个时候，他们就缺少了一种和人沟通的主动性，一些社会活动和交往在“回国”这个大屏障下面就显得不那么重要了。

而和他们相反的，有这么一批同学，家里人从给他们选择出国这条道路的开始，就给他们灌输一种理念，“一定要留在美国！”于是这类同学开始不断褪去自己黄色的皮囊，铆足了

拖着行李箱的女孩，每经过一个地方，那里的故事就会像书本一样，一页一页地展开。我所经历的每一个故事，都格外的温馨与快乐。

劲儿希望能尽快融入美国社会，很多同学在放假的时候也愿意选择留在那里，哪怕没有事情做也不想回国，就好像一回国，就又被带入了“中国”这个圈子里面。不到万不得已他们是不会回国的。这类同学也往往会失去越来越多的中国朋友，曾经共处过的同学朋友也都一点点遗忘在了记忆的角落，甚至回国也会面临“没有朋友”的尴尬处境。

我记得非常清楚，有一次我们一大帮子同学在一起讨论未来的志向。他们都问我，“Eva，你以后想干吗？”我仔细地想了想，“我特别喜欢小孩，挺想做个幼儿园老师的。也喜欢新闻，当个主持人也不错！”朋友们对于我给的答案好像不是特别满意，“那你准备回国还是留在美国呢？”我想了半天也没想出来。这时有位女生抢答道：“我觉得回国才是条阳光大道，你说咱们家庭条件都还不错，谁愿意给别人打工啊？我爸爸说我回国以后就把他的厂子交给我来做！”很多同学表示很赞同她的想法，“就是啊，咱们父母都是大老板，从小咱就被周围人捧着，你觉得你可能愿意看别人的脸色来工作么？”“是啊是啊。我觉得那些待在美国继续打工的人都是‘屌丝’”……这时很多同学都参与到了这个话题的讨论中间。大家都说出了自己想留下来的想法，和想回国的理由，各有道理，但是我在心里默默想到：这么早就考虑这个问题真的有必要吗？

就像我身边有的同学暑假回国打工一样，他们的父母把他们安排在自己的公司实习。那这时“大少爷”“大小姐”们就会表现出一副我爸是老板谁敢欺负我的嘴脸。同事们的“殷勤”照料也仿佛更加深了这些同学毕业后回国工作的想法。还有些同学即使毕业了去唐人街当服务员，也不愿意回国发展，就是因为当时父母在他们脑中植入的理念，“要拼命留在美国，回国就是认栽，就是失败！”在美国留学的过程中，我看到很多呼吸着新鲜空气，吃着鲜嫩的牛排的年轻人脸上带着一丝隐约的痛楚，也看到了很多毕业后回国工作的同学因为无法管理父母留下的公司而从此丧失了自信。

“毕业后回国还是留下来？”这是一个必须要面临的问题，但是在什么时间做什么事情其实是更重要的。如果我们做好了充分的准备，到了站在十字路口需要做出选择的时候，那么准备充分的我们，也会更加从容地做出“正确且适合自己”的选择。

丽珊老师说

看着一玮的这篇文章使我联想到我所接触的留学生大多都有了自己的方向，留在国外还是回国发展，换言之，他们已经认同了父母的理念，按照父母设计的路径走自己的人生路。毕竟每个人的精力都是有限的，顾此了就有可能失彼。中国民营企业经历了三十多年的发展，接班人的问题迫在眉睫，但是不是真的将希望寄托在没有社会经验、没有企业经验的孩子身上也是要思考的，况且过早地透露给孩子一旦长大成人就会接手家族企业，还能保持奋斗精神的孩子能占多大的比例？

妈妈始终是我的依赖，谢谢您为我的付出。逆越时光的流动，我，独立飞翔！

第八章

父母在中国万万想不到的事情

出国不是孩子的“护身符”

——带着创伤出国只能使问题更麻烦

来到美国的前两个星期，宽阔的带着落地窗的房间里有两张床，却只有我一人住。住家妈妈告诉我说另一个床也是给一个中国女孩准备的，是个能歌善舞的女孩儿。我时常幻想着这个神秘室友的模样，但学校开学两周之后她才来。

接机那天，我们一行人早早到了机场。我和“妹妹”举着“Welcome Lily”的字样。为了让她更好地习惯这个陌生的国度，我还在欢迎牌子上用中文写了很多可爱的字和画了卡通图像。她戴眼镜、短发、个子高高的，有些羞涩，她第一次出国。那些所谓爱好只是说说而已，她对这些并不感兴趣。我有些失望，但她看起来并不难相处，我又有了些小安慰。

慢慢地我们熟络了，她开始“放肆”了。凌晨两三点大声给男朋友打电话、随意乱翻我的私人物品、和住家妈妈争吵……而最让我们感到意外的是一个傍晚，我刚从超市买东西回来，一打开门眼前的景象让我震撼，Lily 手里拿了一个剃须

害羞的我始终相信出国留学不是逃避，更不是解脱，而是挑战和历练。愿未来的我，可以回忆这一段未完的路。

刀，床单上都是血。她满脸的泪痕很让人心疼。“天哪！你怎么了 Lily!”“我和男朋友分手了！”看到她手腕的伤口很浅，我去住家那里拿了消毒水和绷带帮她简单清理了一下。

她第一次向我敞开心扉。她父母在她很小的时候离婚，给她带来了深刻的打击。来美国之前，她刚刚堕过胎，这是她迟到两周的真实原因。现在这个男朋友坚决要和她分手，导致她这么过激的行为……她的话让我一晚上没睡，这些在电视剧里才会出现的事情，就这么活生生地发生在了我的身边。

Lily 不能坚持上学，情绪经常处于波动之中，住家努力地靠近过她，希望帮助她，但她好像拒绝任何帮助，只是一门心思地郁闷、沮丧。那个阶段住家好像在我身上也投入了很多精力，经常表扬我："我觉得你和很多中国女孩不一样，你喜欢沟通交流，她们从来不主动聊天，这点很不好。"后来住家不敢再留她了，她离开了，我也不知道她去哪里了，只能在心里默默地祝福她。

现在回想起来，住家妈妈当时是担心我受她的影响，跟我交流是为了防患于未然。住家妈妈挺不容易的。

丽珊老师说

许多父母将送孩子出国作为应对各种青春期心理反应的底牌：学习成绩不好、人际交往不顺利、缺乏上进心、陷入亲密关系、家庭教育失控……当自己无法帮助孩子时，就把他送到国外去。认为到国外包治百病：心智成熟了、发奋图强了……但凡用正常的思维想一想，在自己熟悉的环境、父母身边、那么多人关心都难以适应，到了全然陌生的环境却能顺风顺水吗？其实给大家误导的就是那些已经送孩子出国的父母，在朋友圈子里放大送孩子出国的诸多好处，而回避遇到的困难，以此证明当年自己为孩子所做的选择是正确的。我的一位朋友将孩子送出国之后就没有消停一天，孩子选错了课、不及格科目太多、缺勤天数很多、被大使馆拒签……她一直在跟我咨询……但在朋友圈中她还总是晒孩子所在学校的校园、晒孩子有多么励志、对两国教育厚美薄中……作为心理咨询师，我要保守所有来访者的隐私；但作为一位旁观者，我不免想她为什么要误导朋友呢？当然我并不主张她像祥林嫂一样和大家说孩子遇到的问题，缄默难道有那么难吗？

乖乖女潜伏回国堕胎

——中国父母是如何错过了给孩子心灵支持的

Joy 是一个非常文静乖巧的女同学，来自中国南方的一个小城市。由于关系不错，我曾邀请她暑假来我所在的城市天津游玩参观，可是没想到她告诉我说父母绝对不会允许的。我心里想原来在这个年代还有管教如此严厉的家长啊。Joy 告诉我说，即便是在同一个城市，父母也很少会让她出去和朋友一起玩，“连穿牛仔短裤在我家都是一个不正经的行为。”从此 Joy 在我的心中留下了一个“乖乖女”的形象。

“Eva，你知道吗？ Joy 已经打过两次胎了！”有一次朋友突然跑过来和我说，“不可能！你别瞎讲了！”我觉得这类流言蜚语对人的伤害是很大的，于是我反过头批评向我传播消息的这位同学，“人家瘦你就说人家打过胎？那照你的意思咱们学校好多人都打过胎咯？”我略带讽刺地为 Joy 辩解道。“爱信不信！”在那之后又有很多同学来找我说这件事情，渐渐地我觉得事情变得严重了起来。

在一次聊天中，我隐隐约约地想从侧面询问 Joy 的真实情况，便问道：“Joy，你在国外交男朋友的事情你父母知道吗？”“当然不知道啊，哪能让他们知道啊，会死人的！”我看着眼前这位“乖乖女”，还是无法把她和“打胎”联系在一起。“Eva，你是不是知道了什么？”Joy平时就很拿我当朋友，经过了半天的谈心，她似乎准备把事情的真相告诉我，我在旁边也做好了倾听的准备。“哎，这件事情我不想和太多人说，因为我也很为难……”Joy开始给我讲起了她的故事。从头到尾听完了她的故事，我大半天缓不过来神，因为这一切就像电视剧一样的不现实。“为了打胎你回国两次，你父母真的一无所知吗？”“是啊，他们哪能想到会去翻看我的护照呢？”原来Joy真的如同学们所说，有过两次打胎经历，每一次都请假回中国。怎么会这样呢？在中国这么“不光彩”的事情竟然发生在了这样一位安静乖巧的女孩身上。我哑口无言，心里某一块地方却很不安，我不禁想到在国外留学生庞大的队伍中，又有多少女孩和Joy有着相似的经历呢？是啊，好多时候父母对孩子的了解是不充分的，再加上出了国，彼此之间就更缺少了沟通的渠道。很多时候，同学们遇到麻烦，宁愿去找身边的“狐朋狗友”也不愿意和父母敞开心扉。后来才发现像Joy这样的女孩真的不在少数。很多女生由于缺乏性知识，不知道如何进行避孕，很容易就怀上了孩子。作为一个还在青春期的小女生，发生这种情况，大多是惊惶失措，不知道如何是好，只能选择回到国内的一些小医院“打胎”，而这种选择对女生自己也是有很大的影响的。有些人因为身体原因不能再继续读书，也有同学因为不能面对“流言蜚语”导致精神崩溃，变成了丢弃在大海中的一颗小石子，随波逐流或者沉入大海。

这使我联想到了自己在西雅图的一次经历，有一次随着寄宿家庭的爸爸还有几个朋友来到电影院看电影。我们随便选择一部搞笑主题的影片，但是没想到在影片的一开始就出现了男女亲密的镜头，我们都感到非常尴尬，但看了看住家爸爸好似没什么反应。我们便继续看了下去，因为这是一部搞笑题材的电影，许多镜头我们也觉得笑笑就过去了。电影结束后，我们谁也没再提起这件事情，但是住家爸爸却打开了话匣子。"Hey! 你们觉得这部电影怎么样？我觉得挺有趣的！好像是一场时间倒转！"住家爸爸自问自答地评论着这部电影。"这让我想起了我年轻的时候，我们高中的时候甚至比这还要疯狂，那真的是一段美好有趣的经历啊！"我们看到住家爸爸毫不避讳地谈论起了过去，便也顺应地讲起了自己校园中发生过的趣事。于是我们便在一个搞笑风趣并且毫无压力的环境下，讨论了一些所谓的"少儿不宜"的话题。

在美国，父母们对孩子关于"性"的问题是非常开明和开放的。我的这位好朋友 Renee 有一个白人男朋友，她也经常给我讲一些他们之间发生过的趣事。记得她给我讲过她去男朋友家作客的经历，那是他们交往了大概三个月左右，她的男朋友非常希望自己的家人能见见这位亚洲女朋友。于是他们牵手来到了男朋友的家里，男朋友的家人非常热情地招待了我的这位朋友，在聊天中，他的妈妈半开玩笑地对我朋友说："我可不想这么早当上祖母哦！"这一句话让我的朋友不好意思地低下了头，但是她的男朋友笑哈哈地一把搂住了她也玩笑道："哈哈，我们也不想过早地当年轻爸妈！"他的妈妈嘱咐他们一定要懂得使用避孕套。

我想在国人的眼中，美国人是开放的，甚至可以形容成过于开放。但是我觉得在对于孩子的“性教育”问题上，如果总是闭而不谈，把它当成一件不能摆在桌上讲的事情，那反倒会造成一些很严重的后果。但是如若能在一个轻松和谐并且相互信任的氛围下，把这些非常科学的知识告诉同学们，我想同学们不但不会反感，反而会愿意倾听和学习的。

丽珊老师说

一玮说出一件石破天惊的内幕：有些留学生会在父母全然不知情的状况下私自潜回国处理棘手的问题。私自回国的学生在留学生中占多大的比例我们不得而知，但父母关心一下孩子护照上的出入境记录还是不难做到的。一旦发现孩子曾私自回国，父母不该指责孩子，而应自问：“我做了什么让孩子在遇到困难时，不能向我求助？”

或是我太过保守，但在交流中我还是一再嘱咐一玮，有关性的话题，最好选择可信赖的、性取向正常的、同性别的成年人进行交流，回避与父亲以外的任何男性单独讨论性的话题，未来如果和住家爸爸或包括男老师在内的男性一起看电影或电视，要对影片的题材有所预估，如果有性爱镜头就一定回避。毕竟性爱镜头会催情，如果当时在电影的感染下做出或说出什么不符合关系的事情，双方则会陷入尴尬，甚至难以相处，这将是一种很没有必要的牺牲。

在美国，许多“小事”会演化成巨大麻烦

——陷入尴尬的个性女孩

由于最近几年网络文化的流行，也带出了一个新的名词——“网络红人”。在我们的校园里就有着这样一位同学。她性格张扬，打扮夸张，在网络上的点击率很高。也有一些所谓的“粉丝”经常转发或者评论她的照片。可是在现实生活中的她却好像是一位“Trouble maker”（喜欢制造麻烦的人）。

她平时住在寄宿家庭里面，却经常不回家。由于她已经年满 18 岁，她的寄宿家庭并没有过度管制她的自由。有一次我们几个朋友在一起吃饭，聊天中得知她已经两周没有回过寄宿家庭了，因为对她平时表现的一些了解，我并没有对此表示十分诧异。饭后她告诉我她带了两个箱子出来，但是她车子的后备箱只能放下一个小箱子，希望我能一起送她回家。她家离我家不是特别远，大概 20 分钟的样子，于是我答应了她的请求。到了她家门口，她和我说肯定又面临着一通狂风暴雨，因为这次没回家的时间实在是太长了。因为她的英语不好，她再次恳请我陪她一起进去，兴许在寄宿家庭批评她的时候，还能帮忙

解释解释。我看她搬两个箱子也着实不方便，便决定送她进去。

当时已经是晚上 10 点多，她并没有因此而蹑手蹑脚，反倒是“哐当哐当”大张旗鼓地开了家门，走了进去。寄宿家庭屋子的灯亮了起来，“天哪，你去了哪里，Jessica?”我这位朋友一脸求助地看着我，好像在求我帮她解释解释。我向她的寄宿家庭做了自我介绍，并且为这么晚来到她家说抱歉。她的寄宿家庭看到我的英文口语还可以，便告诉我说，“Eva，我觉得你是个好孩子。你需要帮帮你的朋友，她的生活太糟糕，给我们带来了许多麻烦。”我看着眼前这位已经上了一些岁数的金发女人，一股同情之心涌了上来。“她养了一条小狗，但是如果不是我们及时发现，她的狗可能早已经死在屋子里了。她

我承认，我不懂 Spanish，囧，但我为大家带去了欢乐，笑声是对我最大的肯定，而不在言中。

走后的几天，每次我们走过她房间的时候，都有一股恶臭传出来。我们打开她的房门吓傻了，狗屎满天飞，小狗也把我们家的地毯咬坏了。小狗可怜巴巴地看着我们。我们请来专业的清理公司来打扫。清理公司将她虐待小狗的事情举报给动物保护协会。他们本来准备起诉我们对小狗不负责任的行为，但是经过我们的解释这件事情才平息了下来……"

听完后，我才感到了事情的严重性。"她说什么啦？"我的朋友对这两周发生的事情一无所知。"我们实在无法让Jessica继续住在家里了。她可以选择在剩下的一周内随时离开……"我看了看身边的朋友，一脸天真的她不知道已经被人下了"逐客令"。

"她说你可能得重新找住家了，你也真是的，怎么对自己那么不负责任呢？"我对她有些埋怨。她听完从包里掏出一千美元放在桌上，"你告诉她，这钱是赔给他们的，也是封口费，让她别再啰嗦了。"

我夹在了两个人中间，告诉她的住家这是Jessica对家里物品的损坏造成的赔偿，还有感谢他们之前的照顾和宽容。住家表示无奈和感谢，收下了这笔钱，准备回房间睡觉。"哼。这老女人看着就让人讨厌，你看给完钱她就走人了。你知道么Eva，用钱能解决的事就不叫事！"

我感到不解的是我的这位朋友竟然没有一点惭愧的意思。上楼回到她的房间，已经是被清洁完的样子，实在是难以想象先前的两周这个屋子是怎样一幅情景。她的小狗也已经清理干净，看到"主人"回来疯狂地摇着尾巴。我刚准备问我的朋友准备什么时候搬走，回过头来却看到她已经是泪流满面。一瞬间我对她的埋怨全都烟消云散，突然觉得很心疼她。我走过去抱了抱她，她蜷缩在沙发旁边。

“Eva，我怎么会把自己的生活变成这样？我觉得我无法继续下去了。”我的眼泪也流了下来，我想起了她之前随口告诉我们的她家里的事情。她出生在一个非常富有的家庭，但是爸爸妈妈在她小的时候就离婚了，他们把给她钱当作了弥补她的方式。她从来不缺钱，但是从来也没有人陪伴在身边。我忽然理解了她的一些行为。因为在中国的家里会有保姆替她照料好一切。房间脏了有人打扫，小狗饿了有人帮忙喂，衣服穿脏了有人帮着洗。但是这里毕竟不是你真正的家啊，这里甚至只是一个你人生中的“临时驿站”，在这里休息片刻还要奔往下一个目标。我的口气变得温柔起来，“没事，Jessica。一切都会好起来的。你先好好休息，不要管那么多了。明天一早我就过来帮你收拾，你先去朋友家住几天，我们再一起找下一个住的地方。”我想这个时候，也只有朋友的安慰能让她有一些安全感了。

第二天我早早地来到她家帮她一起收拾行李。因为这件事情，她把我当成了“自己人”，看着她在房间里面笨拙地整理行李，衣服叠得乱七八糟，我的心里很不是滋味。刚刚成年的她，需要从头开始，在异国他乡克服困难，戒掉坏习惯。她的路还有很长很长，挑战也才刚刚开始。

一个月后，我就听说了她因为在马路上开车车速过快，被警察拦下，需要上法庭的消息。我看了看晴朗的甚至连一丝云纹都没有的“美国天空”，我想：这里真的适合她吗？

丽珊老师说

在我二十年的心理咨询生涯中，接待了大量的送孩子出国的家庭。父母送孩子出国的理由有很多种，其中有一种是为了避免让孩子亲身经历父母离婚或离婚父母再婚的现场。父母"用心良苦"，误认为孩子不在现场就不会受到太大的伤害，甚至没有伤害。但如果父母再往深处想一想，孩子到了人生地不熟的陌生环境，难道不是更大的挑战吗？他们会用比较极端的行为来平复自己的失落感，在没有父母监控的情况下会扭曲自己的人生观，那样的话岂不是把婚姻的危害进一步放大了吗？

"小海龟"会被遗忘，难以自援

——夹在两种文化之间进退两难如何解决

留学生这个特殊群体中有一部分人夹杂在两国文化中间，就像是刚出壳的小海龟，奋力地想要游回大海，路途艰辛且面临着被海鸟叼走的危险。

Karen 是一个刚去美国不久的女生，性格比较张扬，也是大部分中国家长眼中的"问题少女"。她曾经在中国交过二十

看，午后校园清辉漫，时光相宜，岁月静好，此生无相忘。

多个男朋友，并且有吸烟喝酒的不良嗜好。她的家长觉得改变一个环境，说不定能够让 Karen 重新成长，便把她送去美国读书。刚开始 Karen 由于口语不好，不能与当地人正常交流，甚至连简单的沟通都需要使用谷歌翻译。日子久了，她便变得封闭自卑。在校园中的 Karen，也是一个不参与任何课外活动的女孩，唯一的消遣便是中午吃完饭与中国留学生们扎堆讨论一些八卦。上课的时候，Karen 由于听不懂英语，所以只能低着头玩手机，和国内的朋友在 QQ 上聊天。由于上课偷偷玩手机，Karen 的手机已经被没收十多次，每次都会收到 detention，需要交二十美元才能把手机拿回来，并且需要周末在学校做劳动弥补错误。在寄宿家庭里，Karen 的情绪也十分低落，因为语言的障碍，Karen 总是把自己关在屋子里，除了上网就是睡觉。但是在国内热闹惯了的 Karen 时间久了自然寂寞难耐，随着一些机会，Karen 逐渐认识了很多和她情况类似的留学生。其中的一些留学生由于家庭十分富有，买了“豪车”，经常带着不同的女孩去海边兜风，并且找人办了假“ID”，也就是我们说的假身份证，于是他们活动的范围就更广了，甚至租了兰博基尼，经过六个小时的车程，从橘郡到拉斯维加斯赌博。

有一天深夜，已经进入梦乡的我突然被急促的铃声叫醒。“Hello?”我有点气愤地接起电话，“Eva，帮帮我，我好难受。”是 Karen，想必遇到了麻烦。原来 Kaven 是因为经常去酒吧，认识了一些当地的黑社会人员，因为拒绝了他们的无理要求，惹恼了黑帮团伙。现在的 Karen 逃离了那片区域，住在了离市区很远的地方，租了一个公寓，生活很不方便。听到这些，我感到担心的同时也思考了很多。如果 Karen 的父母知道了这些事情，一定会是伤心加责骂，但是这些负面情绪会更加伤害 Karen。而 Karen 就像是一只刚刚破壳而出的小海龟，飞快地爬行在去大海的路上，但是头顶上盘旋的海鸟让小海龟迷失了方向，反而爬向了更远的远方。“Karen，你别太难过，先在那边住一些日子，不要再和这些坏人联系了。”我能做的也只有这些简单的安慰。

其实像 Karen 这样的“小海龟”在美国还有很多，而多数人的家长对他们的情况却一无所知，“小海龟”们成为了一群被社会遗忘，并且难以自援的群体。我想我们可以从两个方面思考这个问题，一个是家长对于真实情况的探究，例如频繁的电话，或者视频交流，或者与校方定期沟通，可以更好地掌握孩子在外面的情况。另一个是留学生们的自我约束，希望在留学这条漫漫长路上，我们能够时刻铭记出国的初衷。

丽珊老师说

为什么要出国呢？一个在国内、在父母身边还会“状况频出”的孩子到了国外就洗心革面了？父母是不是太藐视自己的爱和能力了？那么“问题孩子”到了国外，他们的问题会“放大”。如果孩子实在无法适应国内，那也要先对孩子进行系统的心理咨询，调整心态，纠正“问题行为和问题心态”，然后在留学生教练的陪伴下，对出国后在生活和学习上将要遇到的问题有个充分地认识和周详的准备之后，再出发！

“你是我的天使”

——如何消除与住家爸爸的尴尬关系

还在中国的时候就得知了寄宿家庭会举着牌子在机场接我，我的心中欣喜万分，于是在飞机上开始各种幻想。寄宿家庭有五口人，爸爸妈妈带着三个孩子。爸爸妈妈一定长得很和蔼，那三个孩子呢，一定像洋娃娃一样可爱。我的心中无比激动而且紧张，因为将要见到我在美国的家人。

下了飞机离老远我就看到了写着 Eva 字样的牌子，我很确定那就是我的寄宿家庭了。一个留着一头卷发和大胡子的中年男子，酷似摇滚歌手。旁边站着一个笑眯眯的女人我想那应该就是“妈妈”了，妈妈怀里抱着一个小朋友睁着大大的眼睛看着我，一个害羞的女孩躲在“妈妈”的身后，而不远处有个可爱男孩蹦蹦跳跳地向我跑来。我很确定，这，就是我即将生活在一起的亲人，寄宿家庭的成员们。

我一边收拾我的房间一边回忆着刚与寄宿家庭见面时的情景。另一件事情随之涌入脑海，记得有一次我在练钢琴的时候，寄宿家庭爸爸突然走到我旁边，坐在了沙发上，发觉到他一直在看着我以后，我感到浑身不自在。于是我停下了弹奏，看着他微笑了一下。他和我说：“Eva，你弹得真好！你认真的时候真漂亮！”我觉得气氛突然变得有些尴尬，“你就像我的天使一样！”我感受到了他语言和语气的变化，于是我对他说：“谢谢你，Dad。 我希望能做一个天使，给全家带来欢乐。”说罢我继续练习钢琴，他转身走开了，从那以后再也没有和我说过类似这种带有一些暧昧的话语。

但是我的一位朋友的经历可就没那么简单了。她是一个非常典型的中国南方女孩，个子小小的，一和陌生人说话甚至还会脸红。她的父母早在她小的时候就分开了，她一直跟着妈妈生活。后来出了国，母亲帮她选择住在一个寄宿家庭里面。由于她乖巧听话，和寄宿家庭的关系一直很好，尤其是因为她比较缺少“父爱”，所以她和家庭里面的爸爸相处更为亲密。很多学校里面的事情，她甚至更愿意讲给“爸爸”听。这个“爸爸”也喜欢经常讲一些工作上的事情给我这位朋友听。有一次“爸

明眸笑意轻含，眉舒颜展，相逢几回盼。妈妈最喜欢看我的笑，一个坚强的孩子深知：笑容是我对亲人们最好的祝福。

爸”下班后带她去星巴克喝咖啡聊天，我的朋友碰巧又因为在学校遇到了不顺心的事情，于是爸爸就拍拍她的肩膀，还握着她的手安慰她。碰巧住家妈妈去超市顺道路过了这家咖啡店，看到“爸爸”和我这位朋友的“亲密举动”，她感到非常气愤，回到家后和住家爸爸大吵了一架。这一架后整个家庭气氛就变了，住家妈妈时不时就会给我的朋友脸色看。还经常让她去做一些家里的卫生之类本不应该她来做的事情。住家妈妈还经常在晚饭时念一些年轻的时候住家爸爸给她写的情诗，我的这位朋友感受着这些变化，却不知道怎么去化解面临的尴尬。而住家爸爸却总是欲盖弥彰地“保护”她，这无疑更加激怒了住家妈妈……她告诉我，那段日子她体会到了“小三”的感觉。终于在过了一个月的“寄人篱下，看人脸色”的生活后，她只得搬出了这个家。

虽然把寄宿家庭当作亲人一样对待能够减少我们对家乡的思念，但是他们毕竟不是我们真正的家人，保持一定的距离有时候还是必要的。女生和住家爸爸的相处显得格外敏感，且不好掌握分寸，同样有时候男生和住家妈妈在一起生活，也需要时刻注意保持距离。就像我有位同学，他被安排到了一位单身中年女人家里居住，这一住可不得了，这位女人仿佛在冥冥之中把他当成了“老公”，不仅给他洗所有的衣物，出席很多派对和聚会还都会把我这位同学带着。像这种不必要的麻烦，我们是完全可以自己掌控的。在前期做足了工作，对寄宿家庭去充分了解，和家里的异性无论年龄大小，都保持着适当的距离。我想这些对于我们在一个家庭能够长久居住，会起到帮助！

丽珊老师说

寄宿家庭出现这个尴尬的可能性的确是存在的。中年的住家爸爸和妈妈已经审美疲劳了，一个小清新的入住让住家爸爸眼前一亮是很正常的，如何与之保持距离则是考验小留学生的事情。一玮的一句：“我希望能做一个天使，给全家带来欢乐。”将住家爸爸带回到现实的逻辑关系中，避免了他的非分之想，也避免将关系滑落到尴尬境地。学会自我保护对于任何一个成长中的人来讲都是至关重要的。

两对苦情人

——有时钱是坏东西

在我的身边有这么两对小情侣。

第一对儿里的男孩儿的绰号叫做“奥巴马”，从这“大胆”的名字里就可以看出这个人有着一段不平凡的经历。是这样的，“奥巴马”家庭条件非常好，在当地留学生朋友圈里也小有名气，他的一辆超级跑车更成了他的标志。他的女朋友刚开始的时候成绩很好，也积极地参加各种社会活动，但是选择当了这“第一夫人”之后，成绩一落千丈，精神状态也变得很萎靡。

“奥巴马”打着让富二代们结识更多人脉的旗号，在当地成立了一个“跑车俱乐部”。很多家庭条件不错并且拥有跑车的同学，就“加入”了这个俱乐部。每次俱乐部开会和活动，其实也就是吃吃喝喝，聊些八卦。但是每次这些豪华跑车们聚集在一起停在停车场的时候，俱乐部里面的成员都会觉得非常的“有面子”，炫酷的外形和低沉的引擎声也着实非常吸引人们的眼球。甚至还有行人会拿起手机拍照，这些俱乐部的成员们也纷纷拿起手机拍照留念，发微博的发微博，上传朋友圈的上传朋友圈。很多粉丝们的疯狂转发和评论让这些俱乐部成员们感到自己正在做一件非常“伟大”的事情。而这些俱乐部成员也是奢侈品的爱好者。他们去消费的时候可以说是一场演出，这场演出的名字叫做“怎样更有面子地买东西”。但是如果留学生一旦把重心放在了这些事情上面，哪还有精力去学习呢？或者说学习对于他们还有什么吸引力呢？如果成绩太差了，他们就难以获得签证，无法再回到美国。这位“奥巴马”同学索性回国后就在北京住下来，到现在已经有大半年，他的豪华跑车也一并托关系运送了回去。而发生的这一切，他的父母都还一无所知。可怜的是那位“第一夫人”，她由于没有大胆选择一起回国，无情地“被分手”了。而由于先前的各种不良表现，她现在也已经被学校开除，只能在当地的一所语言学校里混日子。

另一对小情侣其实是一对女孩子。因为在国外同学们觉得“各种无聊”，所以出现各种各样稀奇古怪的事情，大家对此早已见怪不怪。但是这对鸳鸯中的一只，是一个大家口中的“小

凭栏远眺，人单影只。每逢佳节，心系着大洋彼岸的亲人。然而坚定一颗前行的心，忧伤被我笑忘。

二奶”，过着被包养的生活。是这样的，其中的一位女孩家庭条件非常好，经常给自己的“女朋友”买一些奢侈品，而另一个女生好似觉得这就是一件应该的事情，甚至有的时候还会张口要东西。曾经就因为要给“女朋友”买东西，这位女生一个月花费了几万美元的生活费。而她在中国的父母却还以为学校要交各种费用了。同学们对这种事情都是持“嗤之以鼻”和“事不关己高高挂起”的态度。也有同学试着加以劝阻，但是都以失败告终。因为好像周瑜打黄盖，一个愿打一个愿挨。更多的劝说反倒成了多管闲事了。更荒谬的是暑假回国的时候，这对“小情侣”竟然住到了其中一个人的家里，那女孩儿的父母完全被蒙在鼓里，以为是女儿的好朋友来家里做客呢。

像这样“奇葩”的事情还有很多，大多都是在“地下”进行的，但是这些不良行为正在一点点侵蚀着留学生刚刚成熟的心灵。不得不说造成这样的事情也有一部分是家长的责任，因为工作繁忙疏于对孩子的关注，让孩子在财务问题上过于自由，都是导致这些不良行为的因素。如果留学生突然需要有大笔开销，或者想要买超级跑车等等，那么我想家长是不是也要琢磨一下其中的原因呢？

丽珊老师说

诚如一玮所说，如果将钱交给还不能自我控制、自我管理的人手上真的是坏事，甚至是灾难。“第一夫人”当初貌似钓到金龟婿，不想却扭曲了自己的人生；“小二奶”收获了很多奢侈品牌，却坏了自己的名声，不知道未来还会有哪个男生愿意接受有过如此经历的女生做自己的女朋友。当孩子花钱无节制时，当孩子突然间富有了时，父母一定要警觉，为什么会这样，到底发生了什么呢？

伪监护人

——无法融入美国文化的人在侵蚀着留学生

有一次我的一位朋友来洛杉矶找我玩，他曾经在洛杉矶读过书现在转到了纽约上学。我们约在了共同的朋友家里见面，这位朋友住在一个所谓的寄宿家庭里面，为什么这么说呢，因为他们的监护人是一位华人出租车司机。我听说类似这样的寄宿家庭非常乱，但也只是耳闻。

按响了门铃，一位中年中国女人来给我开了门。打开门后的景象让我无法相信自己的眼睛。浓重的酒精味夹杂着男生们的臭袜子味道扑鼻而来，而这位中年女人我想可能就是所谓的“监护人”了。我上下打量了一下她，卷卷的头发看起来像是几天没洗了，手上拿着一个酒瓶子，身着睡衣，穿了一双黄色的男士拖鞋，看样子也是喝了不少酒。“这是 Susan 阿姨。”朋友向我介绍道，“哎哟！这个小姑娘长得还不错，来让我给你介绍一下我们家住的几位大帅哥。”我还没来得及说话，她便领着我走到沙发旁边，沙发上半躺着一个“不省人事”的男生，这位男生穿了一条短裤，露出的整条左腿都被纹满了绿色的纹身，“帅不帅？

师者，传道授业解惑者也。一次点拨，让蹩脚的 Portuguese 突飞猛进。我与可爱的语言老师，邂逅于此，相识、相知、相熟，师生之情溢于言表。

他昨天刚纹的。”这个阿姨好像丝毫没有看到我吃惊的表情。

像“Susan 阿姨”这样的“伪监护人”随着近几年来留学生人数的疯狂增加，已经逐渐变成了一种“职业”。他们往往租下一栋别墅，招五六个留学生按月收取房租。更甚的还提供买酒、买烟等服务。而像这种“伪监护人”在留学生的群体中竟大受欢迎。因为美国的法律很严格，没有到 21 岁是不可以买酒的，而这些“阿姨”“叔叔”们却可以帮他们轻松解决这些难题。对于一些家庭条件比较好的留学生来说，交一些“跑腿费”就可以办到这些不可能做到的事情，何乐而不为呢？而像这种“伪监护人”一般是没有稳定工作的，他们多数从事着一些“黑出租”“代购奢侈品”这样的“自由行业”。

“Susan 阿姨”随便招呼了一下我，就跑到后面的厨房去了，过了一会儿拿出了一大袋“下酒菜”，她问还有没有人想再开一瓶酒。有个男生回答道，“哎呀不行了阿姨，我明早有门考试。”Susan 阿姨一脸不屑，“没事，喝吧，明早我怎么也要把你叫起来！”说完阿姨又跑到厨房去炸薯条给同学们吃。

我没待太久便准备离开，我的朋友把我送到门外。“天啊！这里简直就是无法想象，除了一屋子男生这点以外，这和中国的夜总会有什么区别？”“哎呀，你又不是不知道，好多寄宿家庭都是这样。人家同学喜欢你又有什么办法呢？”我哑口无言，我的朋友好像也对我的不满感到十分无奈。告别了朋友，我自己开车回家，回家的路上我感到非常难过。我在心里为这些同学担心，更觉得他们的父母非常可怜。大洋彼岸的父母一边辛苦地工作着，一边幻想着子女留学学成归来的场景，但是没有人知道在这里发生着什么。这让我想到之前在美国 Youtube

上面看到过的一个视频。制作这个视频的是一个外国女大学生，她用摄像机记录了中国留学生的生活，并且发到了网上。在这个视频里中国的同学半夜两点还聚集在一起打麻将，还有同学在用塑料袋套着烟雾报警器防止在宿舍炒菜时被人发现，还有很多玩了一晚上的同学上课时趴在桌上睡觉。后来那些中国学生纷纷咒骂这个拍摄视频的外国女生，因为他们不想让远在中国的父母看到这些场景。

因为很多高中生都没满 18 岁，所以必须需要监护人才可以脱离“寄宿家庭机构”，于是这些“向往自由”的同学们纷纷向这些“伪监护人”们伸出了求助的双手。而当这些“伪监护人”们打扮得西装革履去学校验证身份的时候，也大多能蒙混过关。很多中国家长听说自己的孩子住在中国人的家庭后，会更加放心。但是事实的真相呢？我真的难以想象在过了几年后，可怜的家长在中国的接机大厅接回来的将会是怎样的一位“小海归”！

像这样的“伪监护人”很多都有着比较长时间的国外生活经历，却始终无法融入美国的文化，在生活的逼迫和欲望的驱使下便把眼光投向了留学生人群。作为留学生自己，应该时刻擦亮自己的眼睛，如果因为一时的贪图享受而造成一辈子的后悔，那么当初选择出国留学可能就会成为一个最大的错误。

丽珊老师说

一玮告诉我在美国留学生圈子里热捧的“Susan阿姨”“Peter叔叔”……他们都是一些在美国生活了很多年，却无法融入美国社会的中国人，瞄准了留学生这个超大的市场，为留学生提供买酒、租车等服务。美国学校对学生的出勤率很严格，上课期间如果想离开学校必须由“监护人”来接。由学校安排的有资质的寄宿家庭是不会轻易答应留学生无故不上课的。于是冒充“监护人”的营生就应运而生了，为了获得“自由”，这些留学生从学校指定的寄宿家庭中搬出来，住进“自由王国”。我和一玮有一个共识，就是通过这本书提醒家有小留学生的父母一定要始终关注孩子和什么样的人在一起。每换一个寄宿家庭，父母是不是要到美国去一趟对住家父母进行面对面的审查，毕竟你是将孩子交托给这个人了。

我昂首前行，在这泛黄的天，蔚蓝的海，一片清净之心，身后华彩绽放！

后记

在拿到全书的打印稿时，我无法相信自己的眼睛，更加无法抑制住内心的喜悦。看着眼前这一大摞稿子，不敢想象这是我和张老师半个月以来的成果。我的 18 岁梦想在最后一篇文章的最后一个句号中实现了。

先来形容一下我们的工作环境吧，我们称这间屋子为“小作坊”。这个作坊分两部分，一部分是“思想者”工作区，由一组宽大的布艺沙发组成，我们的头脑风暴都是在这个区域完成。另一部分是“写字者”工作区，我的工作台前面是一扇大窗户，桌子上面摆着一台电脑，一个茶杯，一个香香的蜡烛，还有一碗水果。累了的时候我经常闻下蜡烛看看窗外。张老师的工作台与我背对背，我们偶尔会回过头彼此沟通下文章的内容，然后继续忙着自己的事情……这个“小作坊”里面充斥着甜蜜的味道，轻松的音乐和手指敲打键盘的声音。

认识张老师是初二那年，她给我的第一印象就是：笑眯眯的。好像所有烦恼在她那里都能够得到化解。张老师在我心目中是一个神奇的人，也是一个善良的魔术师。她总是给我无穷的力量和鼓励，对潜在的问题也总是能够做出正确的判断和解决方案。我想和张老师的相识，是上帝送给我的一份礼物。

我会珍惜。在这短短的半个月里发生过太多开心和搞笑的事情。我和张老师都是非常典型的乐观主义者，我们之间相处起来就像是朋友，无所不谈。这也是我能顺利完成这本书最重要的一点。

我常常在“受宠若惊”中度过，因为我觉得生活给了我太多太多。我有着世界上最好的爸爸妈妈，对我的任何选择都是给予支持的态度，在我伤心困惑的时候，他们永远都是那安全的港湾。我有着世界上最贴心的朋友，好朋友“牛腩”在我写完稿子后帮我对文章进行反复校对，国内的朋友并没有因为距离和时间和我疏远。国外的朋友能够和我在“异域文化”的环境中共同成长。在我失意时，是“油兔子”用“肥猫”的故事鼓励我。在我疲惫时，是“小怪物”来我家帮我共同整理衣物。在我孤单时，是“蚂蚁”陪我度过那一个个无聊的夜晚。

感谢《今晚经济周报》的张璇和史潇潇老师在“留学生专栏”中给予我的各种帮助，感谢在这本书出版过程中出版社的老师给予我的帮助，谢谢你们的辛勤付出！

我，只是一个小小的我，但是却得到了太多太多。这本书仅仅是一个开始，心中怀有一个“记者梦”的我，还会在留美的长路中继续做块海绵，汲取养分。亲爱的读者朋友，等我的好消息吧！

郑一玮

2013年8月19日于观水轩